Wolfgang Gerber

Hans-Georg Eckert

Gewerbliches Miet- und Pachtrecht

RWS-Skript 268

Gewerbliches Miet- und Pachtrecht

Aktuelle Fragen

5., wesentlich überarbeitete Auflage

von
Richter am BGH i. R. Wolfgang Gerber, Karlsruhe
Vors. Richter am OLG Hans-Georg Eckert, Rostock

RWS

RWS Verlag Kommunikationsforum GmbH · Köln

Die Deutsche Bibliothek – CIP-Einheitsaufnahme

Gerber, Wolfgang:
Gewerbliches Miet- und Pachtrecht : aktuelle Fragen / von
Wolfgang Gerber ; Hans-Georg Eckert. – 5., wes. überarb.
Aufl. - Köln: RWS Verlag Kommunikationsforum, 2005
(RWS-Skript ; 268)
ISBN 3-8145-3268-6

Postfach 27 01 25, 50508 Köln
E-Mail: info@rws-verlag.de, Internet: http://www.rws-verlag.de

Druck und Verarbeitung: Hundt Druck GmbH, Köln

Inhaltsverzeichnis

		Rz.	Seite
Literaturverzeichnis			IX
Einleitung		1	1
I.	**Abgrenzung der Miete von der Pacht und von anderen Verträgen**	4	3
1.	Unterschiede in den gesetzlichen Regelungen	4	3
2.	Abgrenzungskriterien	8	4
3.	Besondere Vertragsgestaltungen	9	4
II.	**Vertragsschluss und -änderung**	19	7
1.	Vorvertrag	19	7
2.	Die gesetzliche Schriftform bei Abschluss oder Änderung eines langfristigen Immobilienmietvertrages	27	8
	a) Normzweck	27	8
	b) Unterzeichnung der Vertragsurkunde	29	9
	c) Beurkundung des wesentlichen Vertragsinhalts	34	10
	d) Einheitlichkeit der Urkunde	48	13
	e) Vertragsänderung	64	18
	f) Folgen des Formmangels	69	20
	aa) Wirksamkeit des Vertrages	69	20
	bb) Kündbarkeit des Vertrages	70	20
	cc) Verstoß gegen Treu und Glauben	74	21
	g) Zusammentreffen mit gewillkürter Schriftform	79	22
III.	**Miete**	81	23
1.	Miete und Umsatzsteuer	81	23
2.	Mietzahlungspflicht bei vorzeitigem Auszug des Mieters	96	26
3.	Wucher und Mietüberhöhung	106	28
4.	Nichtigkeit des Mietvertrages wegen eines Verstoßes gegen ein gesetzliches Verbot	120	32
5.	Aufrechnung gegen Mietforderungen	121	32
6.	Lastschriftverfahren	122	32
7.	Verjährung	124	33
8.	Wertsicherungsklauseln	126	33

		Rz.	Seite
9.	Verfahrensfragen	140	37
IV.	**Gewährleistung des Vermieters**	152	39
1.	Schadensersatz bei Nichtgewährung des Gebrauchs	152	39
2.	Sachmängelhaftung	169	43
3.	Rechtsmängelhaftung	217	54
4.	Verlust der Gewährleistungsrechte wegen vorbehaltsloser Mietzahlung trotz Kenntnis des Mangels	228	56
V.	**Aufwendungen des Mieters auf die Mietsache**	239	59
VI.	**Betriebspflicht des Mieters/Pächters**	244	61
VII.	**Beschädigung und Zerstörung der Mietsache**	255	65
1.	Haftung des Mieters	255	65
	a) Pflichtverletzung des Mieters	255	65
	b) Haftungserweiterung	263	66
	c) Vertragliche Regelung zum Haftungsumfang	268	67
2.	Rückgriff der Versicherung gegen den Mieter	270	68
3.	Wiederherstellungspflicht des Vermieters	287	71
4.	Beweislast	292	72
5.	Verjährung der Schadensersatzansprüche des Vermieters	300	74
	a) Vertragliche und konkurrierende Ansprüche	301	74
	b) Bezug zum Mietobjekt	306	75
	c) Beginn der Verjährungsfrist	311	77
	d) Ersatz von Folgeschäden	319	79
	e) Unterbrechung und Hemmung	320	79
	f) Verlängerung der kurzen Verjährungsfrist durch Vereinbarung	325	80
VIII.	**Sicherheiten**	326	81
1.	Vermieterpfandrecht	326	81
2.	Kaution	330	82
	a) Einzahlung	330	82
	b) Anlage der Kaution	337	83
	c) Verjährung der gesicherten Forderung	340	84

		Rz.	Seite
	d) Wechsel des Grundstückseigentümers und Vermieters	344	85
3.	Mietbürgschaft	347	85
	a) Umfang der gesicherten Forderungen	347	85
	b) Bürgschaft auf erstes Anfordern	351	86
	c) Mietausfallbürgschaft	354	87
	d) Verjährung der gesicherten Forderung	355	87
IX.	**Beendigung des Mietverhältnisses**	357	89
1.	Vertragsdauer und Verlängerung	357	89
	a) Vereinbarte Laufzeit des Vertrages	357	89
	b) Vertragsverlängerung aufgrund Verlängerungsklausel	365	90
	c) Verlängerungsoption	368	91
	aa) Optionsberechtigter	369	91
	bb) Zusammentreffen der Option mit einer sonstigen Vertragsverlängerung	370	92
	cc) Zeitpunkt der Optionserklärung	376	93
	dd) Optionsausübung nach Vermieterwechsel	378	93
	ee) Vertragsbedingungen nach Option	379	93
	e) Stillschweigende Vertragsverlängerung	384	94
X.	**Kündigung des Mietverhältnisses**	387	97
1.	Allgemeine Grundsätze	387	97
	a) Form	387	97
	b) Angabe des Endtermins	390	97
	c) Kündigungszeitpunkt	393	98
	d) Zugang	397	99
	e) Kündigung durch Stellvertreter	402	100
	f) Kündigung gegenüber Stellvertreter	405	100
	g) Kündigung im Prozess durch Prozesserklärung	406	101
	h) Kündigungen durch und gegenüber Personenmehrheiten	409	101
	i) Kündigung bei Vermieterwechsel wegen Veräußerung des Mietgrundstücks	415	103
	j) Kündigung nach Übergang der Verwaltungs- und Verfügungsbefugnis	419	103

		Rz.	Seite
2.	Außerordentliche Kündigung aus wichtigem Grund	420	104
	a) Zahlungsverzug des Mieters	420	104
	b) Schwerwiegende Vertragsverletzung	424	104
	c) Außerordentliche Kündigung aus sonstigem wichtigen Grund	430	106
XI.	**Abwicklung des Mietverhältnisses**	436	107
1.	Rückgabe der Mietsache	436	107
	a) Selbsthilfe des Vermieters	436	107
	b) Rückgabe der Mietsache durch mehrere Mieter	438	107
	c) Vollstreckung des Räumungstitels	440	108
2.	Nutzungsentschädigung wegen Vorenthaltung der Mietsache nach Vertragsende	444	109
	a) Vorenthaltung	445	109
	b) Nutzungsentschädigung	453	111
XII.	**Untermiete**	460	113
1.	Erlaubnis des Vermieters	460	113
2.	Haftung des Mieters für die Beschädigung oder Zerstörung der Mietsache durch den Untermieter	475	116
3.	Vorenthaltung nach Beendigung des Hauptmietverhältnisses	478	116
4.	Ansprüche zwischen Hauptvermieter und Untermieter	479	117
XIII.	**Gesellschaftsrechtliche Fragen**	489	121
1.	Gesellschaft als Partei des Mietvertrages	489	121
2.	Nutzungsüberlassung als Kapitalersatz	510	125
XIV.	**Zwangsverwaltung**	524	129
XV.	**Insolvenz des Vermieters**	533	131
XVI.	**Insolvenz des Mieters**	537	133
1.	Vorläufiges Insolvenzverfahren	537	133
2.	Eröffnetes Insolvenzverfahren	544	134
	a) Masseverbindlichkeit und Insolvenzforderungen	545	135
	b) Räumung des Mietobjekts	551	136
Stichwortverzeichnis			137

Literaturverzeichnis

Monographien, Handbücher, Kommentare

Blank, Hubert/Börstinghaus, Ulf P.
Neues Mietrecht, 2001

Bub, Wolf-Rüdiger/Treier, Gerhard
Handbuch der Geschäfts- und Wohnraummiete, 3. Aufl., 1999
(zit.: *Bearbeiter*, in:)

Herrlein, Jürgen/Kandelhard, Ronald
ZAP-Praxiskommentar Mietrecht, 2. Aufl., 2004
(zit.: Herrlein/Kandelhard-*Bearbeiter*)

Hinz, Werner/Ormanschick, Heiko/Riecke, Olaf/Scheff, Matthias
Das neue Mietrecht in der anwaltlichen Praxis, 2001

Martin, Anton
Sachversicherungsrecht, 3. Aufl., 1992

Münchener Kommentar
zur Insolvenzordnung, Band 2: §§ 103–269, 2002
(zit.: MünchKomm-*Bearbeiter*, InsO)

Palandt, Otto
Bürgerliches Gesetzbuch, Kommentar, 63. Aufl., 2004
(zit.: Palandt-*Bearbeiter*, BGB)

Prölss, Jürgen/Martin, Anton
Versicherungsvertragsgesetz, 27. Aufl., 2004
(zit.: Prölss/Martin-*Bearbeiter*, VVG)

RGRK
Das Bürgerliche Gesetzbuch mit besonderer Berücksichtigung der Rechtsprechung des Reichsgerichts und Bundesgerichtshofs, 12. Aufl., 1974 ff (zit.: *Bearbeiter*, in: BGB-RGRK)

Staudinger
Bürgerliches Gesetzbuch, Kommentar, §§ 535–580a (Mietrecht 1), Bearbeitung 2003 (zit.: Staudinger-*Bearbeiter*, BGB)

Sternel, Friedemann
Mietrecht, 3. Aufl., 1988

ders.
Mietrecht aktuell, 3. Aufl., 1996

Wolf, Eckhard/Eckert, Hans-Georg/Ball, Wolfgang
Handbuch des gewerblichen Miet-, Pacht- und Leasingsrechts, 9. Aufl., 2004

Aufsätze

Bork, Reinhard
Anmerkung zu BGH, Urteil vom 19. 1. 2001 – V ZR 437/99, JZ 2001, 1138

Derleder, Peter
Die Rechtsstellung des Wohn- und Gewerberaummieters in der Insolvenz des Vermieters, NZM 2004, 568

Eckert, Hans-Georg
Mietforderungen im vorläufigen Insolvenzverfahren, NZM 2003, 41

ders.
Die Bedeutung der Mietrechtsreform für die gewerbliche Miete, NZM 2001, 409

Eisenschmid, Norbert
Das Mietrechtsreformgesetz, WuM 2001, 215

Erckens, André Werner/Tetzlaff, Christian
Die Verantwortlichkeit des Zwangsverwalters für die Rückzahlung der Kaution und für andere „Altlasten“, ZfIR 2003, 981

Fischer, Gero
Die Bürgschaft auf erstes Anfordern als formularmäßige Mietsicherheit, NZM 2003, 497

Gerber, Wolfgang
Anmerkung zum Urteil des BGH, vom 15. 9. 1997 – II ZR 94/96, ZIP 1998, 1196

ders.
Rechtsfolgen vorbehaltloser Mietzahlung in Kenntnis des Mangels, NZM 2003, 825

Herrlein, Jürgen
Die Umstatzsteueroption im Geschäftsraummietvertrag, ZMR 1996, 306

Kirchhoff, Ulrike
Der Euro und die Immobilienwirtschaft: Mietrechtliche Auswirkungen, NZM 1998, 900

Kraemer, Hans-Jörg
Die Gesellschaft bürgerlichen Rechts als Partei gewerblicher Mietverträge, NZM 2002, 465

Landel, Christoph
Verjährung von Ausgleichsansprüchen nach § 24 Abs. 2 BBodSchG – „kurze“ oder „lange“ Verjährung, ZMR 2004, 242

Langenberg, Hans
Mietrechtsreform im Rechtsausschuss, NZM 2001, 212

Lützenkirchen, Klaus
Wegfall der Preisindizes für spezielle Haustypen ab 1. 1. 2003, NZM 2001, 835

Michalski, Lutz
Pflicht des Pächters von Gewerberäumen zur Nutzung der Pachtsache. (Betriebspflicht) und Rechtsfolgen eines Pflichtverstoßes, ZMR 1996, 527

Pakuscher, Irene
Indexmietverträge nach Einführung des Euro, NZM 1998, 497

Prölss, Jürgen
Der Schutz des Mieters vor einem Regreß des Gebäudeversicherers nach § 67 VVG. Zugleich Anmerkung zu BGH, Urteil vom 8. 11. 2000 – IV ZR 298/99, ZMR 2001, 157

Schlemminger, Horst/Attendorn, Thorsten
Überlagert die kurze mietrechtliche Verjährungsfrist konkurrierende Ausgleichsansprüche nach § 24 II BBodSchG?, NZM 1999, 97

Schlemminger, Horst/Latinovic, Andrej
Die Beweislast für Verschlechterung der Mietsache durch Bodenverunreinigungen, NZM 1999, 163

Schmidt, Michael
Miete und Umsatzsteuer, NZM 1999, 292

Schmidt-Räntsch, Jürgen
Wertsicherungsklauseln nach dem Euro-Einführungsgesetz, NJW 1998, 3166

Timme, Michael
Rechtsfolgen vorbehaltsloser Mietzahlung in Mangelkenntnis, NJW 2003, 3099

Voelskow, Rudi
Zur Abgrenzung von Miete und Pacht, NJW 1983, 910

ders.
Anmerkung zu OLG Schleswig vom 27. 3. 1995 – 4 RE-Miet 1/93, ZMR 1996, 431

Wichert, Joachim
Mietrechtsreform: Analoge Anwendung des § 536b BGB (ehemals § 534 BGB) bei nachträgliche auftretenden Mietmängeln, ZMR 2001, 262

Einleitung

Das Mietrechtsreformgesetz ist am 1. September 2001 in Kraft getreten. Es besteht aus einem allgemeinen Teil, sodann folgen als Kernstück der Reform die Bestimmungen zur Wohnraummiete; in einem dritten Abschnitt finden sich Vorschriften zu Mietverhältnissen über andere Sachen; § 578 BGB zählt die Vorschriften aus dem vorangegangenen Abschnitt auf, die auch für die gewerbliche Vermietung gelten. Grundsätzlich ist das neue Recht auch auf vor dem 1. September 2001 abgeschlossene Mietverträge anzuwenden. Besondere Übergangsregelungen zu einzelnen Bestimmungen finden sich in dem neuen Art. 229 § 3 EGBGB. 1

Nicht zu unterschätzen ist die Bedeutung des Schuldrechtsmodernisierungsgesetzes für das Mietrecht; einschneidende Änderungen bringen die Neuregelung des Verjährungsrechts sowie die Umgestaltung des Rechts der Leistungsstörungen im allgemeinen Schuldrecht mit sich. §§ 535 ff BGB in ihrer jetzigen Fassung stehen – anders als die neuen kaufrechtlichen und die werkvertraglichen Vorschriften des BGB – nur bedingt in Einklang mit den Regeln des neuen allgemeinen Schuldrechts. 2

Die Übergangsvorschriften zum neuen Verjährungsrecht enthält Art. 229 § 6 EGBGB. Das neue Verjährungsrecht gilt gemäß Art. 229 § 6 Abs. 1 EGBGB für am 1. Januar 2002 bestehende und noch nicht verjährte Ansprüche. Soweit Verjährungsfristen kürzer sind als nach früherem Recht, beginnt die kürzere Frist erst mit dem 1. Januar 2002 (Art. 229 § 6 Abs. 4 EGBGB). Die neuen Regelungen zum allgemeinen Schuldrecht, das grundsätzlich auf nach dem 31. Dezember 2001 geschlossene Verträge anzuwenden ist, gelten für Dauerschuldverhältnisse – Alt- und Neuverträge – erst ab 1. Januar 2003, entgegen dem Wortlaut allerdings wohl nur zur Beurteilung von Sachverhalten, die sich nach diesem Tag ereignen. Bedeutsam ist dies insbesondere für die Umwandlung des Anspruchs auf die Sachleistung in den Anspruch auf Schadensersatz durch Geldzahlung. 3

I. Abgrenzung der Miete von der Pacht und von anderen Verträgen

1. Unterschiede in den gesetzlichen Regelungen

4 Beim Mietvertrag werden ein oder mehrere Gegenstände (bewegliche Sachen, Gebäude, Grundstücke oder Teile davon) entgeltlich auf Zeit zum Gebrauch überlassen (§ 535 BGB). Grundsätzlich gilt das auch für den Pachtvertrag. Bei ihm kommt jedoch zur Gebrauchsüberlassung hinzu, dass der Pächter berechtigt ist, während der Pachtzeit die nach den Regeln einer ordnungsgemäßen Bewirtschaftung anfallenden Früchte zu ziehen (§ 581 BGB). Außerdem können Gegenstand eines Pachtvertrages (anders als beim Mietvertrag) außer Sachen auch Sachgesamtheiten, Rechte und Rechtsgesamtheiten sein (z. B. Unternehmen).

5 Obwohl die Bestimmungen des Mietrechts auf Pachtverträge weitgehend anzuwenden sind (§ 581 Abs. 2 BGB), kann es von entscheidender Bedeutung sein, welchem dieser Vertragstypen ein Vertrag zuzuordnen ist. In den letzten Jahren sind allerdings durch Eingriffe des Gesetzgebers die bisher bestehenden Unterschiede in den gesetzlichen Regelungen der beiden Vertragstypen verringert worden.

6 Nach dem am 1. Januar 1994 in Kraft getretenen § 565 Abs. 1a BGB a. F. betrug und nach § 580a Abs. 2 BGB n. F. beträgt die gesetzliche Kündigungsfrist nun auch für die Geschäftsraummiete, wie bisher schon für die Pacht (§ 584 Abs. 1 BGB), im Ergebnis ein halbes Jahr (jeweils ab dem dritten Werktag des ersten Monats der Frist). Bei Pachtverträgen ist die Kündigung aber nur zum Ende des Pachtjahres zulässig, bei Geschäftsraummietverträgen zum Ende eines jeden Vierteljahres (§§ 580a, 584 Abs. 1 BGB n. F.). Dieser Unterschied kann z. B. erhebliche Bedeutung haben, wenn ein langfristiger Mietvertrag nur zum nächsten zulässigen Termin gekündigt werden kann, danach nicht mehr (z. B. durch den Ersteigerer eines Grundstücks nach § 57a ZVG).

> Vgl. hierzu
> BGH, Urt. v. 25. 10. 1995 – XII ZR 245/94,
> WM 1996, 133 = NJW-RR 1996, 144;
> vgl. auch BGHR ZVG § 57a Kündigung 1.

7 Folgende Unterschiede bestehen unverändert weiter: Anders als der Mieter (§ 540 Abs. 1 BGB n. F.) hat der Pächter kein besonderes Kündigungsrecht, wenn der Verpächter die Unterverpachtung verweigert (§ 584a Abs. 1 BGB); beim Tod des Pächters sind abweichend von § 580 BGB n. F. nur seine Erben, nicht auch der Verpächter zur außerordentlichen Kündigung berechtigt (§ 584a Abs. 2 BGB); das Nutzungsentgelt bei verspäteter Rückgabe der Miet-/Pachtsache nach Vertragsende ist unterschiedlich zu berechnen (§ 546a n. F., § 584b BGB); bei der Verpachtung eines Grundstücks mit Inventar ist, abweichend von § 535 Abs. 1 Satz 2 BGB n. F., der Pächter

schon nach den (allerdings abdingbaren) §§ 582, 586 BGB in gewissem Umfang zur Erhaltung der Pachtgegenstände verpflichtet, auch ohne eine entsprechende Regelung im Vertrag.

2. Abgrenzungskriterien

8 Der Bundesgerichtshof folgt nicht der in der Literatur zum Teil vertretenen Ansicht (vgl. z. B. *Voelskow*, NJW 1983, 910), die Überlassung auch leerer Räume zum Betriebe eines gewerblichen Unternehmens sei immer Pacht und nicht Miete. Allerdings hält er es, um einen Pachtvertrag annehmen zu können, auch nicht für unverzichtbar, dass neben den Räumen auch das Inventar zur Verfügung gestellt wird. Es genüge vielmehr z. B., wenn der Vertragspartner, der die Räume zur Verfügung stelle, wesentlich dazu beigetragen habe, dass das vorhandene Inventar genutzt werden könne. Das sei z. B. der Fall, wenn er für die Anschaffung des Inventars eine günstige Bezugsquelle nachgewiesen oder einen Kredit bereitgestellt habe. Allgemein spreche für die Annahme eines Pachtvertrages, wenn nicht nur Räume zur Verfügung gestellt, sondern daneben andere Leistungen erbracht würden, die geeignet seien, das Gewerbe dauerhaft zu fördern.

> BGH, Urt. v. 27. 3. 1991 – XII ZR 136/90,
> WM 1991, 1480 = ZMR 1991, 257
> = NJW-RR 1991, 906 = MDR 1991, 1063;
> vgl. auch BGHR BGB § 581 Gaststättenpacht 1.

3. Besondere Vertragsgestaltungen

9 Wird in einem einheitlichen Vertrag ein Teil der Räume zu gewerblichen Zwecken, der andere Teil zum Wohnen vermietet (so genanntes Mischmietverhältnis), hängt die Frage, ob einheitlich Wohnungsmietrecht oder gewerbliches Mietrecht anzuwenden ist, davon ab, welche Nutzungsart überwiegt.

> OLG München, Urt. v. 2. 7. 1993 – 21 U 6514/90,
> ZMR 1995, 295, 296 m. N. aus der Rspr. des BGH.

10 Die stundenweise Überlassung eines Großrechners gegen Entgelt ist als Mietvertrag über eine bewegliche Sache zu werten, und zwar unabhängig davon, ob der Benutzer die Räume, in denen sich der Rechner befindet, aufsucht oder ob er den Rechner von außerhalb mittels Datex-P (heute wohl: oder auf ähnliche Weise) nutzt. Der Anspruch auf Nutzungsentgelt verjährte daher zur Zeit der Entscheidung gemäß § 196 Abs. 1 Nr. 6 BGB a. F. in zwei Jahren (nach § 195 BGB n. F. in drei Jahren).

> BGH, Beschl. v. 28. 10. 1992 – XII ZR 92/91,
> NJW-RR 1993, 178;
> vgl. auch BGHR BGB § 196 Abs. 1 Nr. 6 Großrechner 1.

Stellt eine Gemeinde, die zwar ein Theater hat, aber kein eigenes Ensemble unterhält, dieses Theater unentgeltlich einem Verein zur Verfügung, der freie Theaterarbeit betreibt, und verpflichtet sich der Verein, eine bestimmte Anzahl von Stücken aufzuführen und einen abgesprochenen Spielplan einzuhalten, so handelt es sich um einen Vertrag eigener Art. Dass dieser Vertrag insofern einen „mietvertraglichen Einschlag“ hat als Räume zur Verfügung gestellt werden, rechtfertigt es nicht, die Regeln des Mietvertragsrechts – etwa bezüglich der Kündigungsmöglichkeiten – entsprechend anzuwenden. Es sind vielmehr die für Dauerschuldverhältnisse allgemein entwickelten Grundsätze heranzuziehen. 11

> BGH, Urt. v. 9. 10. 1991 – XII ZR 122/90,
> WM 1992, 156 = NJW 1992, 496.

Der Abnehmer von Strom, der zugleich Grundstückseigentümer ist, kann gesetzlich verpflichtet sein, auf seinem Grundstück das Aufstellen einer Transformatorenanlage ohne besonderes Entgelt zuzulassen. Schließt er in einem solchen Falle mit dem Stromlieferanten einen Vertrag, in dem dieser sich verpflichtet, für die Überlassung der betroffenen Grundfläche ein regelmäßiges Entgelt zu zahlen, so handelt es sich – auch wenn das Wort „Miete“ in dem Vertrag benutzt wird – regelmäßig nicht um einen Mietvertrag. Das gezahlte Entgelt stellt keine Gegenleistung für die Überlassung der Grundfläche dar, sondern eine Entschädigung für das Sonderopfer, das der Grundstückseigentümer im Rahmen der Sozialbindung seines Eigentums erbringen muss. 12

> BGH, Urt. v. 25. 11. 1992 – XII ZR 177/91,
> WM 1993, 428 = NJW-RR 1993, 271.

Ein Vertrag, der es einem Unternehmen gegen Entgelt gestattet, auf dem Übungsgelände eines Golfclubs (der so genannten Driving-Range) mit Werbung versehene Entfernungstafeln aufzustellen, ist nicht als Mietvertrag, sondern als Rechtspacht zu beurteilen. Im Vordergrund steht nämlich nicht die Überlassung einer (winzigen) Bodenfläche für das Einrammen der Tafeln, sondern das Recht zu werben. 13

> BGH, Urt. v. 26. 1. 1994 – XII ZR 93/92,
> WM 1994, 557 = NJW-RR 1994, 558
> = MDR 1994, 346.

Die entgeltliche Überlassung von Standard-Software kann sowohl in Form eines Mietvertrages als auch in Form eines Kaufvertrages erfolgen. Für die Abgrenzung ist es nicht von entscheidender Bedeutung, ob der Kunde über die Software frei verfügen, sie z. B. auch weitergeben darf. 14

> BGH, Urt. v. 4. 11. 1987 – VIII ZR 314/86,
> BGHZ 102, 135, 142 = ZIP 1987, 1567
> = WM 1987, 1492 = NJW-RR 1988, 312;
> dazu EWiR 1987, 1171 (*Paulusch*).

15 Ein Mietvertrag liegt vor, wenn die Software im Rahmen eines Dauerschuldverhältnisses auf Zeit zur Verfügung gestellt wird, Kauf dagegen, wenn die Übertragung „im Wege eines einmaligen Erwerbsaktes gegen einmaliges Entgelt" erfolgt.

BGH, Urt. v. 4. 11. 1987 – VIII ZR 314/86,
BGHZ 102, 135, 141 = ZIP 1987, 1567.

16 Die entgeltliche Überlassung eines Gleisanschlusses enthält mietvertragliche Elemente, die jedenfalls die Anwendung des § 548 BGB (hier: kurze Verjährung für Ersatzansprüche des Vermieters) rechtfertigen.

BGH, Urt. v. 10. 4. 2002 – XII ZR 39/00,
NZM 2002, 605.

17 Die Annahme eines Mietvertrages setzt aber nicht voraus, dass die Miete in Raten gezahlt wird, im Einzelfall kann sie auch für die gesamte Mietzeit in einem Betrag zu zahlen sein.

18 Ein Vertrag über die entgeltliche Benutzung eines Fitness-Centers hat zwar mietvertragliche Elemente, weil die Räume und Geräte zur Nutzung zur Verfügung gestellt werden. Daneben kommen wegen der Beaufsichtigung der Teilnehmer und der Einweisung in den Gebrauch der Geräte u. U. auch dienstvertragliche Elemente in Betracht. Jedenfalls aber entspricht ein solcher Vertrag nicht in allen Punkten dem typischen Bild des im BGB geregelten Mietvertrages, so dass nicht alle Bestimmungen des Mietrechts (z. B. nicht § 552 Satz 1 BGB a. F. = § 537 Abs. 1 Satz 1 BGB n. F.) unkritisch angewendet werden können.

BGH, Urt. v. 23. 10. 1996 – XII ZR 55/95,
ZIP 1996, 2075 = NJW 1997, 193;
dazu EWiR 1997, 1 (*Heinrichs*);

vgl. auch
BGH, Urt. v. 4. 12. 1996 – XII ZR 193/95,
ZIP 1997, 282 = NJW 1997, 739;
dazu EWiR 1997, 241 (*Heinrichs*),
beide m. N. und beide auch zur Wirksamkeit von
AGB solcher Studios.

II. Vertragsschluss und -änderung

1. Vorvertrag

Der Vorvertrag auf Abschluss eines Mietvertrages ist ein Ausnahmefall. Insbesondere ist davor zu warnen, gescheiterte oder nicht abgeschlossene Vertragsverhandlungen in einen Vorvertrag umzudeuten. 19

Die Annahme eines Vorvertrages ist ausnahmsweise nur dann gerechtfertigt, wenn besondere Umstände darauf schließen lassen, dass die Parteien sich schon binden wollten, bevor sie alle Vertragspunkte abschließend geregelt und dass sie deswegen vom Abschluss des eigentlichen Mietvertrages abgesehen haben. 20

> BGH, Urt. v. 28. 9. 1964 – VIII ZR 101/63,
> WM 1964, 1216;
>
> BGH, Urt. v. 23. 11. 1972 – I ZR 126/70,
> WM 1973, 67;
>
> BGH, Urt. v. 26. 3. 1980 – VIII ZR 150/89,
> WM 1980, 805 = NJW 1980, 1577.

Dieser Vertrag muss aber ein solches Maß an Bestimmtheit oder Bestimmbarkeit und Vollständigkeit enthalten, dass im Streitfall der Inhalt des Vertrages richterlich festgestellt werden kann. 21

> BGH, Urt. v. 20. 9. 1989 – VII ZR 143/88,
> ZIP 1989, 1402 = NJW 1990, 1234;
> dazu EWiR 1989, 1069 (*Medicus*).

Zu der schwierigen Abgrenzung zwischen Vertragsverhandlungen und Vorvertrag hat der Bundesgerichtshof im Urteil vom 21. Oktober 1992 Stellung genommen. 22

> BGH, Urt. v. 21. 10. 1992 – XII ZR 173/90,
> WM 1993, 388 = NJW-RR 1993, 139.

Anlass war eine schriftliche Vereinbarung der Parteien, wonach sie sich einig waren, dass bei Konzessionserteilung durch die Ordnungsbehörde die Geschäftsräume zum Betreiben eines Spiel- und Unterhaltungscenters unwiderruflich für einen Zeitraum von zehn Jahren an den Mieter zu einem monatlichen Mietzins von 3.000 DM vermietet werden sollten. In der Folgezeit verweigerte der Vermieter die Unterzeichnung des schriftlichen Mietvertrages, weil er eine zusätzliche Zahlung zum Ausgleich des Verlustes, den er bei der vorherigen Vermietung an einen anderen Mieter erlitten hatte, verlangte. Auch war die Kautionshöhe streitig.

Der Bundesgerichtshof stimmte einem Vorvertrag zu. Zum wesentlichen Inhalt eines gewerblichen Mietvertrages gehört nur die Einigung über Mietobjekt, Mietdauer und Mietzins. Die Ausgestaltung näherer Vertragsbedingungen kann den weiteren Verhandlungen vorbehalten werden. Die nach der ersten Vereinbarung aufgetretenen Streitfragen waren gerade nicht Ge- 23 genstand dieser Vereinbarung; insoweit bestand noch kein Bindungswille, sondern noch ein Freiraum für weitere Verhandlungen.

24 Mit der Annahme eines Vorvertrages bei dieser Sachlage ist sicherlich die Grenze erreicht. Der Bundesgerichtshof lässt auch in dieser Entscheidung keinen Zweifel, dass er den Vorvertrag als Ausnahme ansieht. Zusätzlich gibt er noch zu bedenken, dass die nach Abschluss des Vorvertrages geführten Vertragsverhandlungen darauf zu prüfen sind, ob dadurch die vorvertragliche Einigung abgeändert oder ob der Inhalt des Vorvertrages erweitert wurde.

25 Verklagt der auf Vertragsschluss drängende Vertragspartner, gestützt auf den Vorvertrag, den Gegner auf Abschluss des Hauptvertrages, so handelt es sich um eine Klage auf Abgabe einer Willenserklärung. In den Klageantrag ist der vollständige Text der Erklärung aufzunehmen, also der gesamte Vertragstext. Das Gericht kann nur zur Abgabe dieser Willenserklärung verurteilen, nicht zu einer anderen Erklärung, etwa zu einem Abschluss auf fünf Jahre, anstatt – wie vom Kläger beantragt – auf eine längere Zeit; dem stünde § 308 ZPO entgegen. Der Kläger muss daher, soweit Unsicherheiten über die vorvertragliche Bindung bestehen, entsprechende Hilfsanträge stellen, sonst riskiert er die Abweisung der Klage in vollem Umfang.

OLG Köln, Urt. v. 3. 7. 1991 – 2 U 169/90,
DWW 1993, 210.

26 Ist ein Vorvertrag schon in der Weise vollzogen, dass der Mieter die Sache nutzt, so kann er dem Rückgabeverlangen des Vermieters, ohne dass zuvor eine Verurteilung zum Abschluss des Hauptvertrages erfolgt ist, entgegenhalten, dass dieser zum Abschluss des Hauptvertrages verpflichtet ist. Der Vermieter begeht nämlich unzulässige Rechtsausübung, wenn er gleichwohl Rückgabe fordert.

OLG Köln, Urt. v. 8. 4. 1992 – 2 U 90/91,
NJW-RR 1992, 1162.

2. Die gesetzliche Schriftform bei Abschluss oder Änderung eines langfristigen Immobilienmietvertrages

a) Normzweck

27 Mit dem Schriftformerfordernis nach § 566 BGB in der bis zum 31. August 2001 geltenden Fassung (a. F.) verfolgte der Gesetzgeber im Hinblick auf § 571 BGB a. F. vorrangig den Zweck, einen Grundstückserwerber zuverlässig über das Bestehen und den Inhalt langfristiger Mietverträge zu unterrichten. Die spätere Rechtsprechung betont zunehmend die Warn- und die Beweisfunktion.

BGH, Urt. v. 15. 6. 1981 – VIII ZR 166/80,
BGHZ 81, 46 = NJW 1981, 2246
= WM 1981, 1032;

BGH, Urt. v. 24. 9. 1997 – XII ZR 234/95,
BGHZ 136, 357 = ZIP 1997, 2085
= ZfIR 1997, 721 = NJW 198, 25;
dazu EWiR 1997, 1121 (*H.-G. Eckert*);

BGH, Urt. v. 24. 6. 1998 – XII ZR 195/96,
ZIP 1998, 1397 = ZfIR 1998, 457
= NJW 1998, 2664;
dazu EWiR 1998, 1119 (*Sternel*).

Die Begründung des Entwurfs zum Mietrechtsreformgesetz (BR-Drucks. 28
439/2000, NZM 2000, 415) setzt sich nicht mit dem Normzweck auseinander und erörtert nicht, ob und aus welchen Gründen die Beibehaltung des Formerfordernisses sachgerecht ist. Trotz des geänderten Gesetzeswortlauts, der die Befolgung der Schriftform nicht mehr ausdrücklich anordnet, ist eine Änderung des Rechtszustandes nicht beabsichtigt.

b) Unterzeichnung der Vertragsurkunde

Nach § 126 BGB ist der Vertrag von beiden Parteien derart zu unterschrei- 29
ben, dass die Unterschriften das gesamte Vertragswerk abdecken. Üblich sind Ausfertigungen für jede Partei. Es reicht jedoch, wenn die Parteien nur **eine** den Formanforderungen genügende Vertragsausfertigung herstellen.

BGH, Urt. v. 30. 6. 1999 – XII ZR 55/97,
ZIP 1999, 1311 = NZM 1999, 761
= ZMR 1999, 691;
dazu EWiR 1999, 777 (*Emde*).

Es genügt nicht, wenn eine der Vertragsparteien ihre unterschriebene Erklä- 30
rung der anderen per Telefax übermittelt; eine formbedürftige Willenserklärung wird erst wirksam, wenn sie dem Empfänger in der erforderlichen Form zugeht.

OLG Celle, Urt. v. 12. 7. 1995 – 2 U 109/94,
ZMR 1996, 26;
dazu EWiR 1996, 161 (*H.-G. Eckert*);

vgl. zur Bürgschaft
BGH, Urt. v. 28. 1. 1993 – IX ZR 259/91,
BGHZ 121, 224 = ZIP 1993, 424
= NJW 1993, 1126;
dazu EWiR 1993, 561 (*Koziol*).

Bei Vermietung unfertiger Räume ist häufig zu beobachten, dass der Ver- 31
mieter seine Vertragserklärung erst geraume Zeit nach Unterzeichnung der Urkunde durch den Mieter unterschreibt und sodann diesem übermittelt. Der Mieter hat sein Vertragsangebot in schriftlicher Form abgegeben. Die Annahme durch den Vermieter ist verspätet und gilt nach § 150 BGB als

neuer Antrag; diesen nimmt der Mieter nicht schriftlich an. Der Bundesgerichtshof hat hierzu noch nicht Stellung genommen. Nach Auffassung des Kammergerichts ist die Schriftform verfehlt.

KG, Urt. v. 11. 1. 1999 – 8 U 3572/97,
KGR 1999, 143.

32 Kündigt eine Partei den auf längere Zeit als ein Jahr abgeschlossenen Immobilienmietvertrag vorzeitig, einigen sich die Vertragsparteien aber nach Vertragsende auf die Fortführung des Mietverhältnisses, so bedeutet dies einen dem Schriftformerfordernis unterliegenden Neuabschluss.

BGH, Urt. v. 24. 6. 1998 – XII ZR 195/96,
ZIP 1998, 1397 = ZfIR 1998, 457
= NJW 1998, 2664 = ZMR 1998, 612
= NZM 1998, 628;
dazu EWiR 1998, 1119 (*Sternel*).

33 Anders zu beurteilen ist die vor Vertragsbeendigung getroffene Fortsetzungsvereinbarung.

BGH, Urt. v. 30. 3. 1974 – VIII ZR 31/73,
NJW 1974, 1081.

c) Beurkundung des wesentlichen Vertragsinhalts

34 In die Vertragsurkunde sind alle wesentlichen Absprachen aufzunehmen. Allenfalls bei Vertragspunkten von untergeordneter Bedeutung ist eine Lockerung des Formzwangs angezeigt.

BGH, Urt. v. 28. 11. 1962 – VIII ZR 142/61,
WM 1963, 172;

BGH, Urt. v. 4. 11. 1970 – VIII ZR 76/69,
WM 1970, 1480;

BGH, Urt. v. 30. 6. 1999 – XII ZR 55/97,
ZIP 1999, 1311 = NZM 1999, 761
= ZMR 1999, 691;
dazu EWiR 1999, 777 (*Emde*);

BGH, Urt. v. 7. 7. 1999 – XII ZR 15/97,
ZIP 1999, 1635 = NZM 1999, 962
= ZMR 1999, 810;
dazu EWiR 2000, 219 (*H.-G. Eckert*).

35 Die Abgrenzung ist naturgemäß fließend. Unverzichtbar sind jedenfalls die genaue Bezeichnung des Mietobjekts, der Vertragsparteien, der Vertragsdauer sowie der gegenseitigen Verpflichtungen.

36 Weniger bedeutsam sind:

- Absprachen über einmalige Leistungen zu Vertragsbeginn, Aufzählung der Betriebskosten gemäß § 2 BetrKV (früher Anlage zu § 27 II. BVO) und die Hausordnung,

BGH, Urt. v. 30. 6. 1999 – XII ZR 55/97,
BGHZ 142, 158 = ZIP 1999, 1311
= NZM 1999, 761 = ZMR 1999, 691;
dazu EWiR 1999, 777 (*Emde*);

- die genaue Umschreibung der Rangierfläche für Kraftfahrzeuge, die der Mieter mitbenutzen darf,

BGH, Beschl. v. 25. 10. 2000 – XII ZR 133/98,
NZM 2001, 43;

- das Fehlen des Inventarverzeichnisses, da gemäß § 314 BGB das Inventar eines gewerblichen Objekts im Zweifel mitverpachtet ist,

BGH, Urt. v. 29. 9. 1999 – XII ZR 313/98,
NJW 2000, 354 = NZM 2000, 36
= ZMR 2000, 76;

- wegen Fertigstellung des Mietobjekts erledigte Vertragsbestandteile, wenn die Parteien den Sollzustand des Mietobjekts in Nachträgen aktualisieren.

OLG Jena, Urt. v. 7. 10. 1998 – 2 U 1237/97,
OLG-NL 1999, 15.

Ist der Vertragsinhalt nur durch Auslegung unter Berücksichtigung von Umständen außerhalb der Urkunde zu ermitteln, so ist im Zweifel der wesentliche Vertragsinhalt nicht beurkundet. Der Bundesgerichtshof schließt jedoch nicht aus, Umstände außerhalb der Urkunde heranzuziehen. 37

BGH, Urt. v. 30. 6. 1999 – XII ZR 55/97,
BGHZ 142, 158 = ZIP 1999, 1311
= NZM 1999, 761 = ZMR 1999, 691;
dazu EWiR 1999, 777 (*Emde*);

BGH, Urt. v. 7. 7. 1999 – XII ZR 15/97,
ZIP 1999, 1635 = NZM 1999, 962
= ZMR 1999, 810;
dazu EWiR 2000, 219 (*H.-G. Eckert*).

In der Praxis sind folgende Fehler oder Nachlässigkeiten zu beobachten:

Ungenaue Bezeichnung des Mietobjekts:

Sie schadet jedenfalls dann nicht, wenn der Mieter es bei Vertragsschluss oder -änderung schon nutzt. 38

BGH, Urt. v. 30. 6. 1999 – XII ZR 55/97,
BGHZ 142, 158 = ZIP 1999, 1311
= NZM 1999, 761 = ZMR 1999, 691;
dazu EWiR 1999, 777 (*Emde*);

BGH, Urt. v. 29. 9. 1999 – XII ZR 313/98,
NJW 2000, 354 = NZM 2000, 36
= ZMR 2000, 76.

39 Jedenfalls ist ein Mietobjekt hinreichend bestimmt, wenn die Örtlichkeiten durch präzise Angaben (z. B. 1. Obergeschoss [OG] und hinterer Hofbereich), ergänzt um die jeweiligen ungefähren Flächengrößen, konkretisiert werden.

BGH, Beschl. v. 17. 7. 2002 – XII ZR 248/99, NZM 2002, 823 (Nichtannahmebeschl. zu OLG Jena, Urt. v. 20. 7. 1999, NZM 1999, 906).

40 Bei Vertragsänderung durch Reduzierung der Mietfläche ist das Mietobjekt nicht genau bezeichnet, wenn unklar bleibt, welche Teilfläche aus der im Ursprungsvertrag vermieteten Fläche weiterhin den Vertragsgegenstand bildet.

BGH, Beschl. v. 23. 6. 1999 – XII ZR 163/97, NZM 1999, 763.

Mehrdeutige oder widersprüchliche Absprachen zur Vertragsdauer:

41 Wenn die Parteien Streichungen vergessen oder Leerräume widersprüchlich ausfüllen, ist die Schriftform nicht gewahrt, denn die Laufzeit des Vertrages ist nicht aus der Urkunde ersichtlich. Es bedarf daher keiner Beweiserhebung, soweit es um die Einhaltung der Schriftform geht.

OLG Köln Urt. v. 20. 5. 1999 – 1 U 123/98, ZMR 1999, 760;

OLG Rostock, Urt. v. 25. 9. 2000 – 3 U 75/99, NZM 2001, 46 = ZMR 2001, 29,

Unklare oder unrichtige Bezeichnung der Vertragsparteien:

42 Die Vertragsparteien sind in der Urkunde zu bezeichnen. Bedenklich ist die Bezeichnung der Vermieter als „Die Grundstückseigentümer“ ohne Namensangabe. Da eine Erbengemeinschaft – anders als die BGB-(Außen-) Gesellschaft – nicht Vertragspartei sein kann, ist die Schriftform nicht gewahrt, wenn in der Vertragsurkunde ohne Bezeichnung der einzelnen Miterben nur die mit einem Namen bezeichnete Erbengemeinschaft als Vermieterin erscheint. Dass die Miterben über das Nachlassgericht in Erfahrung zu bringen sind, lässt der Bundesgerichtshof nicht genügen.

BGH, Urt. v. 11. 9. 2002 – XII ZR 187/00, NJW 2002, 3389 = MDR 2003, 81 = NZM 2002, 950; dazu EWiR 2002, 951 (*H.-G. Eckert*).

43 Weichen die im Eingangstext als Vertragspartei Bezeichneten von denen ab, die unterschreiben, – mehrere Vermieter oder Mieter, aber nur einer von ihnen unterschreibt – so lassen sich zwar die Vertragsparteien in aller Regel durch Auslegung ermitteln, jedoch ist die Schriftform nicht gewahrt, wenn nur einer der mehreren Vermieter oder Mieter die Urkunde unterschreibt.

BGH, Urt. v. 22. 2. 1994 – LwZR 4/93,
BGHZ 125, 175 = NJW 1994, 1649;

BGH, Urt. v. 11. 9. 2002 – XII ZR 187/00,
NJW 2002, 3389 = MDR 2003, 81
= NZM 2002, 950;
dazu EWiR 2002, 951 (*H.-G. Eckert*).

Bei Vertragsschluss durch eine Gesellschaft bürgerlichen Rechts müssen alle Gesellschafter die Urkunde unterschreiben. Unterzeichnet nur einer von ihnen oder unterschreiben mehrere, aber nicht alle Gesellschafter, so ist die Schriftform verfehlt, wenn die Urkunde nicht erkennen lässt, dass der Unterzeichner zugleich seine Mitgesellschafter vertritt. **44**

BGH, Urt. v. 16. 7. 2003 – XII ZR 65/02,
ZfIR 2004, 17 = NJW 2003, 3053
= NZM 2003, 801;
dazu EWiR 2004, 13 (*Moeser*);

BGH, Urt. v. 5. 11. 2003 – XII ZR 134/02,
NJW 2004, 1103 = NZM 2004, 97;

OLG Rostock, Urt. v. 25. 2. 2002 – 3 U 209/00,
ZMR 2003, 260.

Der Bundesgerichtshof lässt offen, ob der Hinweis auf die Vertretung genügt, oder ob die Art der Vertretung näher zu erläutern ist. **45**

Die ungenaue Bezeichnung einer Handelsgesellschaft als Vertragspartei soll unschädlich sein, wenn die Vertragspartei gleichwohl unzweifelhaft identifiziert werden kann. **46**

OLG Hamm, Urt. v. 11. 3. 1998 – 33 U 89/97,
NZM 1998, 720 = ZMR 1998, 622.

Beurkundung einer Absprache, die nicht Vertragsinhalt ist:

Mit der Frage, ob zuviel an Beurkundung schadet, war das OLG Düsseldorf befasst. Es sieht die Schriftform auch dann noch als gewahrt an, wenn die Parteien eine in dem Vertragsvordruck enthaltene, durchaus bedeutsame Klausel, z. B. die Kautionsabrede, nicht streichen, obwohl Einigkeit darüber besteht, dass diese nicht gelten soll. **47**

OLG Düsseldorf, Urt. v. 20. 4. 1995 – 10 U 164/94,
NJW-RR 1995, 1417 = ZMR 1995, 404;
dazu EWiR 1995, 1067 (*H.-G. Eckert*).

d) Einheitlichkeit der Urkunde

Die gesetzliche Schriftform wird nicht durch einen Schriftwechsel gewahrt. **48**

BGH, Urt. v. 29. 10. 1986 – VIII ZR 253/85,
BGHZ 99, 54 = NJW 1987, 948;
dazu EWiR 1987, 449 (*H.-G. Eckert*).

49 Ein Vertragsschluss durch Briefwechsel liegt auch vor, wenn eine Vertragspartei den schriftlichen Vertrag nur mit Änderungswünschen unterschreibt und der Vertragsgegner sein schriftliches Einverständnis nicht auf derselben Urkunde erklärt.

> BGH, Urt. v. 18. 10. 2000 – XII ZR 179/98,
> NJW 2001, 221 = NZM 2001, 42
> = ZMR 2001, 97;
> dazu EWiR 2001, 101 (*H.-G. Eckert*).

50 Die Schriftform ist befolgt, wenn die Vertragsbestimmungen in einem unterzeichneten Schreiben der einen Vertragspartei niedergelegt sind und die andere Partei dieses – mit oder ohne einen das uneingeschränkte Einverständnis erklärenden Zusatz – unterschreibt. Nicht erforderlich ist die nochmalige Unterschrift der einen Partei **unter** der Gegenzeichnung der anderen.

> BGH, Urt. v. 14. 7. 2004 – XII ZR 68/02,
> zur Veröffentlichung in BGHZ vorgesehen.

51 Nach RGZ 105, 60 (62) sind die die Willenseinigung der Beteiligten ergebenden rechtsgeschäftlichen Erklärungen in ihrer Gesamtheit nicht von den Unterschriften gedeckt, wenn eine Vertragspartei lediglich den Teil der Urkunde, der ihre einseitige Erklärung enthält, und nur die andere Partei den gesamten Vertragsinhalt unterzeichnet. An dieser – im Grundsatz dogmatisch sauberen – Auffassung hält der Bundesgerichtshof nicht fest. Er argumentiert pragmatisch und räumt ein, dass es den juristisch nicht geschulten Vertragsparteien nicht zu vermitteln sei, dass nur eine von ihnen den gesamten Vertragstext, die andere aber nur ein Vertragsangebot oder einen Entwurf unterschrieben habe. Einer Urkunde, die sowohl das unterschriebene Angebot der einen Vertragspartei als auch die darunter befindliche unterschriebene Annahmeerklärung der anderen enthält, kann der vorrangig durch das Formerfordernis geschützte Grundstückserwerber den Vertragsinhalt genauso zuverlässig entnehmen wie einer am Ende des Textes von beiden Parteien unterschriebenen Urkunde. Vorsichtig distanziert sich der XII. Zivilsenat von der uneingeschränkten Geltung des § 126 Abs. 2 BGB für die bei der Immobilienvermietung zu befolgende Schriftform. Wörtlich führt er aus:

> „Die besonderen Anforderungen des § 126 Abs. 2 BGB a. F. sind im Regelfall vor allem deshalb strikt zu beachten, weil ein Mangel der Form nach § 125 Abs. 1 BGB zur Nichtigkeit des Vertrages führt, die Beachtung der Form mithin Wirksamkeitsvoraussetzung ist. Letzteres gilt für Mietverträge aber gerade nicht".

52 Die gemäß § 126 BGB erforderliche einheitliche Urkunde setzt nicht die körperlich feste Verbindung der einzelnen zum Vertragswerk gehörenden Blätter voraus. Es genügt, dass sich die Einheit der Urkunde aus fortlaufender Paginierung, fortlaufender Nummerierung der einzelnen Bestimmungen, einheitlicher grafischer Gestaltung, inhaltlichem Zusammenhang des

Textes oder vergleichbaren Merkmalen zweifelsfrei ergibt. Die Notwendigkeit einer festen Verbindung folgt nicht aus dem Unterschriftserfordernis. Wo der Text einer aus mehreren Blättern bestehenden Urkunde endet oder durch Unterzeichnen abzuschließen ist, lässt sich ohne Verbindung der einzelnen Blätter in aller Regel zweifelsfrei feststellen, besonders, wenn Seitenzahlen, Nummerierung der Abschnitte (§§), der inhaltliche Zusammenhang und die logische Reihenfolge die Textfolge kennzeichnen. Andernfalls könnte eine mehrseitige Urkunde nur dann die Schriftform wahren, wenn jede einzelne Seite unterschrieben wäre; das wird nicht einmal für das Testament gefordert. Dass die Wirksamkeit des Vertragswerks durch feste Verbindung der einzelnen Blätter bedingt sein könne, ist nicht allgemeine Anschauung derjenigen – zumeist juristische Laien –, die Mietverträge abschließen. Würde man entgegen verbreiteter Auffassung eine feste Verbindung der einzelnen Blätter fordern, wäre die Schriftform nicht mehr die Form, die ohne juristischen Rat eingehalten werden kann. Der Schutz vor Übereilung ist erreicht, wenn dem Erklärenden der formbedürftige Inhalt seiner Erklärung hinreichend verdeutlicht wird; für diese Funktion ist die Verbindung der mehreren Blätter ohne Bedeutung. Ob eine Urkunde gründlich, flüchtig gelesen, nur überflogen oder gar ungelesen unterschrieben wird, hängt nicht davon ab, ob die einzelnen Blätter zusammengeheftet sind. Die Beweisfunktion wird dadurch nicht verstärkt. Bei Austausch inhaltsgleicher Urkunden bleibt ein hinreichender Fälschungsschutz. Der eigentliche Zweck des § 566 BGB ist ohnehin nur bei redlichem Verhalten des Verkäufers zu wahren. Die körperliche Verbindung mag die Zuverlässigkeit erhöhen, sichert sie indessen nicht.

> BGH, Urt. v. 24. 9. 1997 – XII ZR 234/95,
> BGHZ 136, 357 = ZIP 1997, 2085
> = ZfIR 1997, 721 = NJW 1998, 25;
> dazu EWiR 1997, 1121 (*H.-G. Eckert*);
>
> daran anschließend
> BGH, Urt. v. 21. 1. 1999 – VII ZR 93/97,
> NJW 1999, 1104 = WM 1999, 595
> = NZM 1999, 510 = ZMR 1999, 532;
> dazu EWiR 1999, 347 (*H.-G. Eckert*);
>
> BGH, Urt. v. 30. 6. 1999 – XII ZR 55/97,
> BGHZ 142, 158 = ZIP 1999, 1311
> = NZM 1999, 761 = ZMR 1999, 691;
> dazu EWiR 1999, 777 (*Emde*).

Wie großzügig die gedankliche Einheit zu fassen ist, insbesondere ob und **53** inwieweit die Urkundeneinheit gewahrt ist, wenn die Parteien wesentliche Vertragsbestandteile nicht in die eigentliche Vertragsurkunde aufnehmen, sondern in andere Schriftstücke oder sonstige Anlagen auslagern, ist nicht abschließend geklärt. Zur Wahrung der Urkundeneinheit muss die Zusammengehörigkeit der Schriftstücke zweifelsfrei erkennbar sein, so dass sich der Gesamtinhalt des Vertrages aus dem Zusammenspiel der verstreuten Bestimmungen ergibt.

BGH, Urt. v. 30. 6. 1999 – XII ZR 55/97,
BGHZ 142, 158 = ZIP 1999, 1311
= NZM 1999, 761 = ZMR 1999, 691;
dazu EWiR 1999, 777 (*Emde*);

BGH, Urt. v. 7. 7. 1999 – XII ZR 15/97,
ZIP 1999, 1635 = NZM 1999, 962
= ZMR 1999, 810;
dazu EWiR 2000, 219 (*H.-G. Eckert*);

BGH, Urt. v. 10. 10. 2001 – XII ZR 93/99,
NZM 2001, 1077;
dazu EWiR 2002, 95 (*H.-G. Eckert*);

BGH, Urt. v. 18. 12. 2002 – XII ZR 253/01,
ZfIR 2003, 283 = NJW 2003, 1248
= NZM 2003, 281.

54 Keine Zweifel ergeben sich, wenn die Anlagen unterzeichnet sind und auf die Haupturkunde verweisen.

BGH, Urt. v. 21. 1. 1999 – VII ZR 93/97,
NJW 1999, 1104 = WM 1999, 595
= NZM 1999, 510 = ZMR 1999, 532;
dazu EWiR 1999, 347 (*H.-G. Eckert*);

KG Urt. v. 5. 3. 1998 – 8 U 7326,
NZM 1998, 369 (rkr. nach Nichtannahmebeschl. des
BGH v. 27. 9. 2000 – XII ZR 112/98);

OLG Köln, Urt. v. 26. 2. 1999 – 11 U 163/98,
NZM 1999, 619.

55 Wenn der Bundesgerichtshof im Urteil vom 21. Januar 1999, sogar im Leitsatz, die Unterschriften auf der Anlage hervorhebt, so entspricht dies dem ihm vorliegenden Tatbestand und sollte nicht bedeuten, dass die Unterschriften auf den Anlagen Voraussetzung für die Befolgung der Schriftform für das gesamte Vertragswerk sind. Jedenfalls genügen Paraphen auf den Anlagen, denn sie können die Einheit zwischen Haupturkunde und Anlage ebenso dokumentieren wie Unterschriften.

BGH, Urt. v. 29. 9. 1999 – XII ZR 313/98,
NJW 2000, 354 = NZM 2000, 36
= ZMR 2000, 76;

BGH, Urt. v. 5. 7. 2000 – XII ZR 70/98,
NZM 2000, 907.

56 Auch die fehlende Rückverweisung der Anlage auf den Hauptvertrag sieht der Bundesgerichtshof nicht als schädlich an.

BGH, Urt. v. 29. 9. 1999 – XII ZR 313/98,
NJW 2000, 354 = NZM 2000, 36
= ZMR 2000, 76.

57 Die Schriftform ist gewahrt, wenn einem beidseitig bedruckten Vertragsformular mit durchgehender Paginierung und Paragraphenreihenfolge paraphierte Grundrisszeichnungen, eine unterschriebene Ausstattungsbeschreibung und eine unterzeichnete „Zusatzvereinbarung“ beigefügt sind.

> BGH, Urt. v. 10. 10. 2001 – XII ZR 307/98,
> NZM 2002, 20.

Erwähnt der Haupttext Anlagen, die erst nach Vertragsschluss erstellt werden können und werden sie nach Fertigstellung zur Urkunde genommen, so ist die Schriftform gewahrt, sofern im Übrigen die Einheit von Haupturkunde und Anlage eindeutig erkennbar ist. **58**

> OLG Jena, Urt. v. 7. 10. 1998 – 2 U 1237/97,
> OLG-NL 1999, 15.

Mietverträge über noch zu errichtende Räume verweisen vielfach auf Bauzeichnungen, Baubeschreibungen, Skizzen und dergleichen. Häufig fehlen sie gänzlich oder lassen ihre Zugehörigkeit zum Vertrag nicht erkennen. Ist das Mietobjekt in der Haupturkunde nach Lage und Größe hinlänglich genau umschrieben, so ist die Anlage lediglich Orientierungshilfe und die Schriftform ist gewahrt. **59**

> BGH, Urt. v. 7. 7. 1999 – XII ZR 15/97,
> ZIP 1999, 1635 = NZM 1999, 962
> = ZMR 1999, 810;
> dazu EWiR 2000, 219 (*H.-G. Eckert*);
>
> BGH, Urt. v. 25. 10. 2000 – XII ZR 133/98,
> NZM 2001, 43;
>
> OLG Hamm, Urt. v. 11. 3. 1998 – 33 U 89/97,
> NJW-RR 1999, 232 = ZMR 1998, 623
> = NZM 1998, 720.

Zu streng war das OLG Dresden. Es ließ die Erfüllung der Schriftform scheitern, weil die Anlagen nur vom Mieter, nicht vom Vermieter unterzeichnet waren, die letzte Seite des eigentlichen Vertragstextes nicht auf die folgende Seite, mit der die Anlagen begannen, verwies und die Anlagen im Vertragstext mit anderen Schlagworten bezeichnet waren als die Überschriften der jeweiligen Anlagen. **60**

> OLG Dresden, Urt. v. 18. 2. 1998 – 12 U 3202/97,
> ZMR 1998, 420;
> dazu EWiR 1998, 685 (*H.-G. Eckert*).

Der Bundesgerichtshof hob dieses Urteil auf. Ihm genügen die fortlaufende Paginierung und der erkennbare Zusammenhang zwischen der eigentlichen Vertragsurkunde und den Anlagen. **61**

> BGH, Urt. v. 5. 7. 2000 – XII ZR 70/98,
> NZM 2000, 907.

Die Schriftform ist befolgt, wenn der Mietvertrag erst nach Zustimmung eines Dritten wirksam werden soll; dessen Zustimmung muss nicht in dieselbe Urkunde aufgenommen werden oder gar von beiden Parteien noch **62** einmal unterschrieben werden, da sie nicht der Form des Hauptgeschäftes bedarf.

> BGH, Urt. v. 14. 7. 2004 – XII ZR 68/02,
> zur Veröffentlichung in BGHZ vorgesehen.

63 Ebenso ist der Schriftform genügt, wenn der Mietvertrag vorsieht, dass er nur im Fall des Eintritts einer Bedingung wirksam werden soll, oder wenn für eine Partei ein als solcher bezeichneter vollmachtloser Vertreter unterzeichnet, obwohl bei dieser Sachlage ein etwaiger Grundstückserwerber nur anhand außerhalb der Urkunde liegender Umstände feststellen kann, ob der Vertrag durch Eintritt der Bedingung oder durch Genehmigung des Vertretenen zustande gekommen ist.

> BGH, Urt. v. 14. 7. 2004 – XII ZR 68/02,
> zur Veröffentlichung in BGHZ vorgesehen.

e) Vertragsänderung

64 Bemühungen, sich unter Berufung auf den Schriftformmangel aus anderen Gründen von der nachträglich lästig gewordenen langfristigen Bindung zu lösen, dürften unausgesprochen die Rechtsprechung beeinflusst haben, die das Schriftformerfordernis auflockerte, soweit es um Änderungen und Ergänzungen des Vertrages geht. Für die gesetzliche Schriftform des gesamten Vertragswerks genügt es, wenn die Nachtragsurkunden auf den ursprünglichen Vertrag Bezug nehmen und zum Ausdruck bringen, es solle unter Einbeziehung der Nachträge bei dem verbleiben, was früher formgültig niedergelegt wurde. Selbstverständlich müssen sämtliche Nachträge von beiden Parteien unterzeichnet sein. Die maßgeblichen Grundsätze hat der Bundesgerichtshof in den Urteilen vom 29. Januar 1992 und vom 26. Februar 1992 zusammengefasst.

> BGH, Urt. v. 29. 1. 1992 – XII ZR 175/90,
> WM 1992, 798 = NJW-RR 1992, 654;
>
> BGH, Urt. v. 26. 2. 1992 – XII ZR 129/90,
> WM 1992, 1160 = NJW 1992, 2283.

Hieran hält der Bundesgerichtshof fest.

> BGH, Beschl. v. 17. 9. 1997 – XII ZR 296/95,
> NZM 1998, 29;
>
> BGH, Urt. v. 14. 4. 1999 – XII ZR 60/97,
> NZM 1999, 559 = WM 1999, 1289
> = NJW 1999, 2517;
> dazu EWiR 1999, 779 (*Kohler*);
>
> BGH, Urt. v. 7. 7. 1999 – XII ZR 15/97,
> ZIP 1999, 1635 = NZM 1999, 962
> = ZMR 1999, 810;
> dazu EWiR 2000, 219 (*H.-G. Eckert*);

BGH, Urt. v. 29. 9. 1999 – XII ZR 313/98,
NZM 2000, 36;

BGH, Urt. v. 23. 2. 2000 – XII ZR 251/97,
NZM 2000, 381 = NJW-RR 2000, 744.

Eine Vereinbarung zwischen Mieter und Mietnachfolger über einen Mieterwechsel wahrt die Schriftform jedenfalls dann, wenn der Eintretende seine Mieterstellung durch eine Urkunde nachweisen kann, die ausdrücklich auf den Ursprungsmietvertrag Bezug nimmt. 65

BGH, Beschl. v. 17. 9. 1997 – XII ZR 296/95,
NZM 1998, 29.

In Fortführung des Beschlusses vom 17. September 1997 betont der Bundesgerichtshof, dass die vertragliche Auswechslung des Mieters zur Wahrung der Schriftform dergestalt beurkundet sein müsse, dass sich die vertragliche Stellung des neuen Mieters in Zusammenhang mit dem zwischen dem vorherigen Mieter und dem Vermieter geschlossenen Mietvertrag ergebe. 66

BGH, Beschl. v. 30. 1. 2002 – XII ZR 106/99,
NZM 2002, 291.

Bei einem Vermieterwechsel aufgrund Vereinbarung zwischen altem und neuem Vermieter ist die Form gewahrt, wenn deren Vereinbarung schriftlich fixiert ist; die Zustimmung des Mieters unterliegt nicht dem Formzwang. Dies folgt aus § 182 BGB. Auch vom Normzweck her ist es nicht geboten, dass der Mieter schriftlich zustimmt, denn der Grundstückserwerber kann den Urkunden entnehmen, dass er entweder dem Mieter oder niemandem gegenüber zur Gebrauchsgewährung verpflichtet ist. 67

BGH, Urt. v. 12. 3. 2003 – XII ZR 18/00,
BGHZ 154, 171 = ZIP 2003, 1658
= ZfIR 2003, 632 (m. Besprechungsaufsatz *H.-G. Eckert*, S. 617)
= NJW 2003, 2158 = NZM 2003, 476;
dazu EWiR 2003, 855 (*Stapenhorst*).

Hat das Gericht auf Feststellungsklage hin das Fortbestehen des Mietverhältnisses, das eine Vertragspartei wegen Nichtbeachtung der gesetzlichen Schriftform bei einer Vertragsänderung ordentlich gekündigt hatte, festgestellt, so kann wegen der Rechtskraft des Feststellungsurteils der Mieter in dem nachfolgenden Prozess gegenüber der Leistungsklage nicht einwenden, seine ordentliche Kündigung greife durch, weil die Vertragsparteien schon bei Abschluss des Vertrages die Schriftform verfehlt hätten. 68

BGH, Urt. v. 24. 9. 2003 – XII ZR 70/02,
NJW 2004, 294.

f) Folgen des Formmangels

aa) Wirksamkeit des Vertrages

69 Der nicht formgültige Vertrag ist wirksam. Aus Bemühen um Einhaltung der Schriftform ist nicht auf einen übereinstimmenden Willen der Parteien, der Schriftform konstitutive Bedeutung beizumessen, zu schließen.

BGH, Urt. v. 29. 9. 1999 – XII ZR 313/98, NZM 2000, 36;

OLG München, Urt. v. 4. 12. 1996 – 7 U 3752/96, ZMR 1997, 293;

a. A. OLG Düsseldorf, Urt. v. 5. 11. 1987 – 10 U 70/87, ZMR 1988, 54.

bb) Kündbarkeit des Vertrages

70 Bei Nichtbefolgung der Form gilt der Mietvertrag gemäß § 550 Satz 1 BGB als auf unbestimmte Zeit geschlossen, bei formwidriger Vertragsänderung auch der Ursprungsvertrag. Nach § 550 Satz 2 BGB ist die Kündigung frühestens zum Ablauf des ersten Jahres nach Überlassung zulässig. Dies bereitet wenig Probleme, wenn die Parteien das Mietverhältnis durch Überlassung in Vollzug gesetzt haben. Zweifelhaft ist, inwieweit sie vor Überlassung gebunden bleiben, insbesondere dann, wenn der Vermieter die Mietsache nicht übergeben kann oder der Mieter die Übernahme verweigert. Einige Autoren stellen auf den vereinbarten Übergabetermin ab.

Herrlein/Kandelhard-*Both*, § 550 Rz. 47;
Palandt-*Weidenkaff*, BGB, § 550 Rz. 13,

Da eine Kündigung vor Übergabe das Besitzinteresse des Mieters nicht berührt, erscheint es sinnvoll, weiterhin vom Vertragsschluss als dem maßgeblichen Termin auszugehen.

Wolf/Eckert/Ball, Rz. 127.

71 Jedenfalls zeigt das Urteil des Bundesgerichtshofs vom 10. Oktober 2001 anschaulich,

BGH, Urt. v. 10. 10. 2001 – XII ZR 93/99, NZM 2001, 1077;
dazu EWiR 2002, 95 (*H.-G. Eckert*),

dass eine ordentliche Kündigung vor Vollzug des Mietverhältnisses möglich sein muss.

72 Bei formwidriger Vertragsänderung kann die Mindestzeit erst ab Änderung laufen.

BGH, Urt. v. 29. 10. 1986 – VIII ZR 253/85, BGHZ 99, 54 = NJW 1987, 948;
vgl. dazu EWiR 1987, 449 (*H.-G. Eckert*).

Sieht der formwidrig geschlossene Vertrag für die ordentliche Kündigung eine längere Kündigungsfrist als die im Gesetz vorgesehene vor, so bleibt die gesetzliche Frist maßgebend. 73

BGH, Urt. v. 29. 3. 2000 – XII ZR 316/97,
NZM 2000, 545.

cc) Verstoß gegen Treu und Glauben

Zur Annahme eines Rechtsmissbrauchs genügt es nicht, dass die Parteien bei Abschluss des Ursprungsvertrages oder bei der Vertragsänderung übereinstimmend eine bestimmte Vertragsdauer wollten oder davon ausgingen. Gerade die langfristige Bindung ist es, deren Bestand von der Wahrung der Schriftform abhängt. 74

BGH, Urt. v. 29. 10. 1986 – VIII ZR 253/85,
BGHZ 99, 54 = WM 1987, 141
= NJW 1987, 948;
dazu EWiR 1987, 449 (*H.-G. Eckert*).

Auch bei langfristiger störungsfreier Durchführung des Mietverhältnisses ist die Berufung auf den Formmangel nicht rechtsmissbräuchlich. 75

BGH, Urt. v. 5. 11. 2003 – XII ZR 134/02,
NJW 2004, 1103 = NZM 2004, 97.

Aus der üblichen salvatorischen Klausel, dass die Ungültigkeit einer Vertragsklausel die Wirksamkeit der anderen Vertragsbestimmungen nicht berührt und die Parteien sich verpflichten, in diesem Fall eine Vereinbarung zu treffen, die dem Zweck der ungültigen oder fehlenden Regelung gleichkommt, lässt sich ohne weitere Anhaltspunkte keine Verpflichtung zur Nachholung der Schriftform herleiten. 76

BGH, Beschl. v. 17. 7. 2002 – XII ZR 248/99,
NZM 2002, 823.

Eine Korrektur zur Vermeidung schlechterdings untragbarer Ergebnisse kommt in Betracht, wenn eine Partei den durch die Vertragsänderung bedingten Formmangel zur vorzeitigen Auflösung eines langjährigen Vertrages missbraucht, obwohl sie durch die Vertragsänderung begünstigt wurde. 77

BGH, Urt. v. 2. 7. 1975 – VIII ZR 223/73,
BGHZ 65, 49 = NJW 1975, 1653;

OLG München, Urt. v. 28. 4. 1995 – 21 U 5103/94,
ZMR 1996, 134.

Demgemäß ist dem durch die konkludente Mieterhöhung begünstigten Vermieter die Berufung auf den Formmangel versagt. 78

OLG Karlsruhe, Urt. v. 10. 12. 2002 – 17 U 97/02,
NJW-RR 2003, 945 = NZM 2003, 513.

g) Zusammentreffen mit gewillkürter Schriftform

79 Haben die Vertragsparteien die konstitutive Wirkung der Schriftform vereinbart, kommt der Vertrag regelmäßig mit Unterzeichnung der Vertragsurkunde zustande, und zwar selbst dann, wenn sie die gesetzliche Schriftform nicht befolgen. Mangels entgegenstehender Anhaltspunkte ist anzunehmen, dass sie unter der als konstitutiv vereinbarten Form nur die Form verstanden, die sie anschließend mit Unterzeichnung der Urkunde umgesetzt haben. Somit bleibt die Anwendung der §§ 125 Satz 2, 154 Abs. 2 BGB regelmäßig auf die ausschließlich mündliche Einigung beschränkt.

BGH, Urt. v. 16. 2. 2000 – XII ZR 258/97,
NZM 2000, 548.

80 In einem langfristigen Immobilienmietvertrag hält eine vorformulierte Schriftformklausel der Inhaltskontrolle gemäß § 307 BGB n. F. stand, weil beide Parteien daran interessiert sind, die langfristige Bindung zu erhalten, die bei formloser Vertragsänderung entfiele.

KG, Urt. v. 4. 5. 2000 – 8 U 1641/99,
MDR 2000, 1241;

OLG Rostock, Urt. v. 2. 12. 2002 – 3 U 162/01,
ZfIR 2003, 307 (LS) = OLGR 2003, 78
(n. rkr., Az. des BGH: XII ZR 312/03).

III. Miete

1. Miete und Umsatzsteuer

Einkünfte (einschließlich der üblichen Nebenkosten) aus der Vermietung von Grundstücken sind an sich umsatzsteuerfrei (§ 4 Nr. 12 Buchst. a UStG). Nach § 9 UStG hat der Vermieter u. U. jedoch die Möglichkeit, freiwillig auf diese Steuerbefreiung zu verzichten und „zur Umsatzsteuer zu optieren". Nur wenn er dies tut, kann der Mieter eine Rechnung mit Mehrwertsteuerausweis verlangen, damit er eventuell selbst von der Möglichkeit des Vorsteuerabzuges Gebrauch machen kann. 81

Das Optieren zur Umsatzsteuer ist für einen umsatzsteuerpflichtigen Mieter im Regelfall nicht mit Nachteilen verbunden, weil er die zusätzlich gezahlte Mehrwertsteuer als Vorsteuer verrechnen kann; u. U. kann es sogar auch ihm Vorteile bringen. Steuerliche Vorteile hat regelmäßig der Vermieter, weil ihm auf diese Weise Vorsteuern erstattet werden können, die beim Bau, beim mehrwertsteuerpflichtigen Erwerb oder bei der Unterhaltung der Mietsache angefallen sind. 82

Inzwischen hat der Gesetzgeber durch eine in mehreren Schritten erfolgte Neufassung des § 9 UStG die Möglichkeit, zur Umsatzsteuer zu optieren, allerdings stark eingeschränkt. Sie besteht nur noch, wenn der Mieter (und gegebenenfalls auch sein Untermieter) das Grundstück (über eine Bagatellgrenze von 5 % hinaus) ausschließlich für Umsätze verwendet oder zu verwenden beabsichtigt, die der Umsatzsteuer unterliegen. § 27 UStG sieht aber sehr weitgehende, zum Teil langfristig wirkende Übergangsregelungen für fertige Gebäude vor, abhängig von dem Datum ihrer Fertigstellung. 83

Die Neuregelung kann für den Vermieter besonders gefährlich werden, weil die Finanzbehörden den Vorsteuerabzug gemäß § 15a UStG zu seinem Nachteil berichtigen können, wenn sich nachträglich herausstellt, dass der Mieter oder sein Untermieter (!) – über die Bagatellgrenze hinaus – Umsätze getätigt hat, die nicht umsatzsteuerpflichtig waren. Nach § 4 Nr. 1–28 UStG, 84

> (Fassung vom 19. Dezember 2000, gültig ab 1. Januar 2002; inzwischen geändert, die Änderungen sind z. T. schon in Kraft getreten, neue Fassung zum 1. Januar 2005, die bzgl. der folgenden Beispiele nichts ändert),

sind die Umsätze aus einer Vielzahl von Geschäften von der Umsatzsteuerpflicht ausgenommen (nur einige Beispiele: Umsätze aus der Gewährung und Vermittlung von Krediten, aus der Beteiligung an Gesellschaften; Umsätze im Geschäft mit Wertpapieren – ausgenommen die Verwahrung und Verwaltung von Wertpapieren; Umsätze aus Versicherungen; Umsätze von gesetzlichen Zahlungsmitteln, wenn diese nicht wegen ihres Metallgehaltes oder ihres Sammlerwertes umgesetzt werden; Umsätze aus bestimmten Leistungen der amtlich anerkannten Wohlfahrtsverbände; Umsätze aus der Tätigkeit als Bausparkassenvertreter, Versicherungsvertreter und Versicherungsmakler). Der Vermieter kann nicht immer im Voraus übersehen, ob der Mieter oder sein Untermieter solche Geschäfte machen wird.

85 Bei einer entsprechenden Berichtigung des Vorsteuerabzugs muss der Vermieter u. U. die von ihm auf die Herstellungskosten des Mietobjekts gezahlte und als Vorsteuer verrechnete Mehrwertsteuer an das Finanzamt nachzahlen, wodurch seine gesamte Kalkulation gefährdet sein kann.

> Vgl. zu diesem Problemkreis im Einzelnen
> *Schmidt*, NZM 1999, 292 f, und
> (mit Vorschlägen für eine Vertragsgestaltung):
> *Herrlein*, ZMR 1996, 306 f, jeweils m. N.

86 Das gegenüber dem Finanzamt auszusprechende „Optieren" regelt die Steuerpflicht des Vermieters gegenüber dem Finanzamt, es hat nicht ohne weiteres Auswirkungen auf das Verhältnis der Mietparteien zueinander. Dem Mieter gegenüber verpflichtet, von dieser Option Gebrauch zu machen, ist der Vermieter nur, wenn die Parteien eine entsprechende Vereinbarung getroffen haben.

87 Die Vereinbarung im Mietvertrag: „Miete incl. MwSt" legt das OLG Hamm dahin aus, dass der Vermieter dem Mieter gegenüber zum Optieren verpflichtet ist.

> OLG Hamm, Urt. v. 24. 9. 2003 – 30 U 80/03,
> ZMR 2003, 925.

88 Fehlt es an einer solchen vertraglichen Abrede, steht es im freien Ermessen des Vermieters, ob er von der Option Gebrauch macht oder nicht. Selbst wenn der Mieter aus besonderen Gründen ein sehr starkes Interesse daran hat, dass der Vermieter die Option ausübt, handelt der Vermieter nicht treuwidrig, wenn er sich darauf nicht einlässt.

> BGH, Urt. v. 30. 1. 1991 – VIII ZR 361/89,
> WM 1991, 733 = ZMR 1991, 170
> = NJW-RR 1991, 647 = BB 1991, 866;
> vgl. auch BGHR UStG 1980 § 9 Mehrwertsteueroption 1.

89 Umgekehrt muss der Mieter die nach der Option anfallende Mehrwertsteuer nur dann zusätzlich zur Nettomiete zahlen, wenn dies im Mietvertrag vorgesehen ist.

90 Haben die Parteien bei Abschluss des Vertrages irrtümlich angenommen, der Mieter sei mehrwertsteuerpflichtig, und wird dem Vermieter damit zusammenhängend der Vorsteuerabzug versagt, kann der Vermieter regelmäßig nicht die Zahlung des Bruttobetrages als Nettobetrag verlangen.

> OLG Celle, Urt. v. 3. 11. 1999 – 2 U 280/98,
> OLG Report Celle Braunschweig Oldenburg 2000, 31
> (Revision ist zurückgenommen).

91 Zu den (aus tatsächlichen Gründen) unterschiedlichen Auslegungsmöglichkeiten einer Vereinbarung, der Mieter habe neben der Nettomiete die

„jeweils gültige Mehrwertsteuer“ zu zahlen, wenn der Vermieter aus steuerrechtlichen Gründen wider Erwarten nicht zur Mehrwertsteuer optieren kann, so dass er selbst keine Mehrwertsteuer zahlen muss, vgl. dagegen

> BGH, Urt. v. 28. 7. 2004 – XII ZR 292/02
> (zur Veröffentlichung vorgesehen).

Wenn der Vermieter vertragsgemäß zur Mehrwertsteuer optiert hat, steht dem Mieter gegenüber dem Anspruch des Vermieters auf Zahlung der Miete ein Zurückbehaltungsrecht zu, solange der Vermieter über die geschuldete Miete keine Rechnung im Sinne des Umsatzsteuergesetzes mit offenem Mehrwertsteuerausweis erteilt hat. 92

> OLG München, Urt. v. 9. 2. 1996 – 21 U 4494/94,
> ZMR 1996, 487, 492.

Als Rechnung im Sinne des Umsatzsteuergesetzes ist allerdings auch ein Vertrag anzusehen, der die notwendigen Angaben (§ 14 Abs. 1 UStG) enthält. Ist bei periodisch fällig werdenden Zahlungen (wie regelmäßig bei der Miete) der Zeitraum, für den die Umsatzsteuer gezahlt wird, aus dem Vertrag nicht zu entnehmen, so reicht es aus, wenn sich aus den einzelnen Zahlungsbelegen, z. B. aus den Ausfertigungen der Überweisungsaufträge, ergibt, für welchen Zeitraum die Zahlung erfolgt. 93

> Richtlinie 183 zu § 14 UStG.

Zahlt der Mieter entgegen einer entsprechenden Vereinbarung die Umsatzsteuer nicht, ist der Vermieter ihm gegenüber berechtigt, die vereinbarte und erklärte Option zur Umsatzsteuer zu widerrufen (was steuerrechtlich zulässig ist). 94

> OLG Hamm, Urt. v. 27. 5. 1997 – 29 U 222/96,
> ZMR 1997, 456.

Wenn der Vermieter zur Mehrwertsteuer optiert und der Mieter nach dem Mietvertrag Mehrwertsteuer auf die Miete zu zahlen hat, ergibt eine ergänzende Vertragsauslegung, dass der Mieter auch Mehrwertsteuer auf die abgerechneten Nebenkosten zahlen muss, 95

> OLG Düsseldorf, Urt. v. 26. 10. 1995 – 10 U 207/94,
> ZMR 1996, 82, und
>
> OLG Düsseldorf, Urt. v. 25. 1. 2000 – 24 U 111/99,
> ZMR 2000, 603,

jedenfalls soweit der Vermieter selbst Mehrwertsteuer darauf gezahlt hat.

> OLG Schleswig, Urt. v. 17. 11. 2000 – 4 U 146/99,
> ZMR 2001, 618 = NZM 2001, 1127.

2. Mietzahlungspflicht bei vorzeitigem Auszug des Mieters

96 Nach § 537 Abs. 2 BGB n. F., der § 552 Satz 3 BGB a. F. entspricht, ist der Mieter zur Zahlung der Miete nicht verpflichtet, solange der Vermieter infolge der Gebrauchsüberlassung an einen Dritten außerstande ist, dem Mieter den Gebrauch zu gewähren. Nur solange der Vermieter selbst erfüllungsbereit ist, gebührt ihm die Miete.

> BGH, Urt. v. 28. 11. 1962 – VIII ZR 77/61,
> BGHZ 38, 295, 300 = WM 1963, 167
> = NJW 1963, 341.

97 Eine Meinung in Literatur und Rechtsprechung hat daraus – zum alten Recht – gefolgert, wenn der Mieter vor Beendigung des Mietvertrages einfach ausziehe und der Vermieter daraufhin – ohne den Mietvertrag zu kündigen – die gemieteten Räume zu einer geringeren Miete an einen Dritten weitervermiete, verliere der Vermieter seinen Anspruch auf die Miete und der Mieter müsse nicht die Mietdifferenz zahlen.

> OLG Düsseldorf, Urt. v. 16. 1. 1986 – 10 U 162/85,
> OLGZ 1986, 333, 336;
>
> OLG München, Urt. v. 15. 11. 1991 – 21 U 3019/91,
> ZMR 1992, 51, 52;
>
> OLG Frankfurt/M., Urt. v. 22. 1. 1969 – 7 U 54/68,
> ZMR 1970, 49, 50.

98 Die Gegenmeinung hat einen Anspruch des Vermieters auf die Mietdifferenz bejaht mit der Begründung, es entspreche nicht der Billigkeit, wenn der vertragsuntreue Mieter sich auf § 552 Satz 3 BGB a. F. berufen könne: Indem der Vermieter das Mietobjekt weitervermietet habe, habe er zumindest auch und entscheidend im Interesse des Mieters gehandelt, weil auf diese Weise der wirtschaftliche Schaden verringert werde.

> OLG Düsseldorf, Urt. v. 26. 11. 1992 – 10 U 212/91,
> ZMR 1993, 114, 115;
>
> *Gelhaar*, in: RGRK-BGB, § 552 Rz. 10;
> *v. Brunn*, in: Bub/Treier, III A Rz. 130.

99 Eine dritte Meinung wollte den Anspruch des Vermieters auf die Mietdifferenz nur dann entfallen lassen, wenn der Vermieter vor der Weitervermietung dem Mieter angezeigt hat, dass er die Mietsache weitervermieten will. Dieses Erfordernis solle nur ausnahmsweise entfallen, z. B., wenn der Aufenthalt des Mieters nicht zu ermitteln sei.

> Begründet vom OLG Hamm, Beschl. v. 13. 3. 1986
> – 4 RE-Miet 3/85, ZMR 1986, 281 f;
> dazu EWiR 1986, 657 (*H.-G. Eckert*).

100 Der Bundesgerichtshof hat die Frage zunächst mehrfach offen gelassen.

> BGH, Urt. v. 16. 9. 1981 – VIII ZR 161/80,
> NJW 1982, 376;

BGH, Urt. v. 1. 12. 1982 – VIII ZR 206/81,
ZIP 1983, 51 = NJW 1983, 749, 750.

Inzwischen hat der Bundesgerichtshof entschieden, der Mieter bleibe in einem solchen Falle in der Regel verpflichtet, die Mietdifferenz zu zahlen. Er könne sich nicht darauf berufen, der Vermieter sei wegen der Weitervermietung zur Gebrauchsüberlassung an ihn nicht mehr in der Lage gewesen. Auch außerhalb des Mietrechts sei allgemein anerkannt, dass es rechtsmissbräuchlich sein könne, wenn jemand aus einem Verhalten seines Vertragspartners, das er selbst durch einen groben Vertragsbruch erst herbeigeführt habe, Rechte herleiten wolle. Ziehe der Mieter ohne Rücksicht auf den weiterbestehenden Mietvertrag einfach aus, verweigere er weitere Mietzahlungen und veranlasse er dadurch den Vermieter, die Mietsache zu einer niedrigeren Miete weiterzuvermieten, so handele er regelmäßig rechtsmissbräuchlich, wenn er die Zahlung der Differenzmiete verweigern wolle mit der Begründung, der Vermieter sei wegen der Weitervermietung zur Gebrauchsüberlassung nicht mehr in der Lage gewesen. Der Vermieter müsse sich dann nur die Miete anrechnen lassen, die er aus der Weitervermietung erziele (§ 552 Satz 2 BGB a. F. = § 537 Abs. 1 Satz 2 BGB n. F.). Von einem diese Rechtsfolgen auslösenden groben Vertragsbruch des Mieters könne man aber nicht ausgehen, wenn er aus nachvollziehbaren Gründen zu Unrecht angenommen habe, das Mietverhältnis sei beendet. Dem Mieter sei es auch nur dann verwehrt, sich auf § 552 Satz 3 BGB a. F. zu berufen, wenn der Vermieter sich redlich bemüht habe, durch die Weitervermietung aus der vom Mieter vertragswidrig geschaffenen Situation im beiderseitigen Interesse das Beste zu machen. Das sei z. B. nicht der Fall, wenn er ohne hinreichenden Grund unter dem erzielbaren Marktpreis weitervermietet habe.

Reagiere der Mieter auf eine Mitteilung des Vermieters, er wolle die Miet- 101
sache im beiderseitigen Interesse weitervermieten, nicht, so könne er sich nachträglich regelmäßig z. B. nicht darauf berufen, er habe die Sache nicht endgültig aufgeben wollen, sondern nur vorübergehend nicht genutzt.

BGH, Urt. v. 31. 3. 1993 – XII ZR 198/91,
BGHZ 122, 163 = ZIP 1993, 774
= WM 1993, 1564 = ZMR 1993, 317
= NJW 1993, 1645 = MDR 1993, 383;
dazu EWiR 1993, 557 (*H.-G. Eckert*);
vgl. auch BGHR BGB § 552 S. 3 Mietdifferenz 1;

Der Bundesrat hat im Gesetzgebungsverfahren angeregt, § 537 Abs. 2 BGB 102
n. F. folgende Formulierung anzufügen:

> „es sei denn, der Mieter hat ohne weitere Entrichtung der Miete den Gebrauch aufgegeben und der Vermieter hat die Gebrauchsüberlassung an einen Dritten angezeigt. Absatz 1 Satz 2 gilt entsprechend."

Dieser Vorschlag ist nicht Gesetz geworden, weil die Bundesregierung die Ansicht vertreten hat, es sei sachgerechter, im Einzelfall „durch § 242 BGB eine der Billigkeit entsprechende Korrektur" herbeizuführen. Die zitierte Entscheidung des Bundesgerichtshofs, auf die sich die Stellungnahme der Bundesregierung offensichtlich bezieht, gilt also weiter.

103 Nach denselben Grundsätzen kann der Mieter zur weiteren Mietzahlung verpflichtet bleiben, wenn er die gemieteten Räume vertragswidrig und ohne Grund nicht übernimmt und der sonst vertragstreue Vermieter sie zwar weitervermietet, von dem neuen Mieter aber geringere oder keine Mietzahlungen erhält.

OLG Naumburg, Urt. v. 25. 11. 1997 – 11 U 940/97,
ZMR 1998, 425.

104 Der Bundesgerichtshof hat in einem Hinweis für das weitere Verfahren dieser Ansicht des OLG Naumburg ausdrücklich zugestimmt, das Urteil allerdings aus anderen Gründen aufgehoben.

BGH, Urt. v. 22. 12. 1999 – XII ZR 339/97,
ZfIR 2000, 616 = NJW 2000, 1105
= ZMR 2000, 207;
dazu EWiR 2000, 325 (*H.-G. Eckert*).

105 Umgekehrt kann der zum Schadensersatz verpflichtete Mieter nicht einwenden, der Vermieter habe nach der vorzeitigen Beendigung des Mietverhältnisses zu einer höheren Miete weitervermietet und müsse sich dies im Wege der Vorteilsausgleichung anrechnen lassen.

OLG Düsseldorf, Urt. v. 14. 5. 1998 – 10 U 123/97,
ZMR 1998, 692.

3. Wucher und Mietüberhöhung

106 Nach ständiger Rechtsprechung des Bundesgerichtshofs ist ein Vertrag als wucherähnliches Geschäft nach § 138 Abs. 1 BGB nichtig, wenn Leistung und Gegenleistung in einem auffälligen Missverhältnis zueinander stehen und weitere sittenwidrige Umstände hinzukommen, z. B. eine „verwerfliche Gesinnung" des durch den Vertrag objektiv Begünstigten.

BGH, Urt. v. 28. 4. 1999 – XII ZR 150/97,
BGHZ 141, 257, 263 = ZMR 1999, 806
= NJW 1999, 3187 m. N.;
dazu EWiR 1999, 823 (*Mehring*).

107 Die Rechtsprechung geht (auch) bei gewerblichen Mietverträgen davon aus, dass ein auffälliges Missverhältnis vorliegt, wenn die vereinbarte Miete (entsprechend bei der Pacht) um knapp 100 % höher (oder niedriger) ist als der objektive Marktwert der Gebrauchsüberlassung.

Bub, in: Bub/Treier, II 715a m. N.

108 Marktwert ist der übliche Wert, der für eine vergleichbare Leistung auf dem Markt zu zahlen ist. Bei Miet- oder Pachtverhältnissen ist demnach der

Marktwert der Nutzungsüberlassung regelmäßig anhand der Miete oder Pacht zu ermitteln, die für vergleichbare Objekte erzielt wird.

BGH, Urt. v. 13. 6. 2001 – XII ZR 49/99,
ZIP 2001, 1633 = ZfIR 2001, 903
= NJW 2002, 55 = ZMR 2001, 788
= WM 2001, 2391;
dazu EWiR 2001, 1035 (*Bühler*).

Gibt es ausnahmsweise keine geeigneten Vergleichsobjekte, ist es regelmäßig angebracht, einen mit der konkreten Marktsituation vertrauten Sachverständigen beurteilen zu lassen, welche Miete für dieses besondere Objekt erzielt werden kann; dies kann auch ein erfahrener Makler sein. 109

BGH, Urt. v. 3. 9. 2003 – XII ZR 314/00,
NZM 2002, 822.

Dagegen ist die so genannte EOP-Methode (an der Ertragskraft orientierte Pachtwertfindung), die von Teilen der Literatur zur Ermittlung der marktüblichen Pacht für Räume zum Betrieb einer Gaststätte empfohlen wurde, aus Rechtsgründen nicht geeignet, den zum Vergleich heranzuziehenden objektiven Pachtwert zu ermitteln. 110

BGH, Urt. v. 28. 4. 1999 – XII ZR 150/97,
BGHZ 141, 257, 263 = ZMR 1999, 806
= NJW 1999, 3187 m. N.;
dazu EWiR 1999, 823 (*Mehring*).

Ebenso wenig geeignet ist die von der EOP-Methode als Reaktion auf die Entscheidung BGHZ 141, 257 abgeleitete so genannte „indirekte Vergleichswertmethode", die sich in dem vom Bundesgerichtshof beanstandeten Kern nicht von der EOP-Methode unterscheidet. 111

BGH, Urt. v. 13. 6. 2001 – XII ZR 49/99,
ZIP 2001, 1633 = ZfIR 2001, 903
= NJW 2002, 55 = ZMR 2001, 788
= WM 2001, 2391;
dazu EWiR 2001, 1035 (*Bühler*).

Der Bundesgerichtshof hat Urteile, die auf ein nach der EOP-Methode erstattetes Sachverständigengutachten gestützt waren, aufgehoben. 112

BGH, Urt. v. 28. 4. 1999 – XII ZR 150/97,
BGHZ 141, 257, 263 = ZMR 1999, 806
= NJW 1999, 3187, m. N.;
dazu EWiR 1999, 823 (*Mehring*);

BGH, Urt. v. 13. 6. 2001 – XII ZR 49/99,
ZIP 2001, 1633 = ZfIR 2001, 903
= NJW 2002, 55 = ZMR 2001, 788
= WM 2001, 2391;
dazu EWiR 2001, 1035 (*Bühler*).

Eine verwerfliche Gesinnung des Begünstigten ist nicht nur dann zu bejahen, wenn er als der wirtschaftlich oder intellektuell Überlegene die schwä- 113 chere Position seines Vertragspartners bewusst zu seinem Vorteil ausgenutzt hat, sondern auch dann, wenn er sich leichtfertig der Erkenntnis verschlossen hat, sein Partner lasse sich nur wegen seiner schwächeren Lage auf den ungünstigen Vertrag ein.

BGH, Urt. v. 17. 4. 1980 – III ZR 96/78,
NJW 1980, 2076, 2077 = WM 1980, 860.

114 Ein besonders auffälliges Missverhältnis zwischen Leistung und Gegenleistung spricht für eine verwerfliche Gesinnung des Begünstigten.

St. Rspr. vgl.
BGH, Urt. v. 30. 5. 2000 – IX ZR 121/99,
BGHZ 144, 343 = ZfIR 2001, 194
= NJW 2000, 2669, 2670 m. N.

115 Für bestimmte Vertragstypen hat der Bundesgerichtshof allein wegen eines krassen Missverhältnisses auf eine verwerfliche Gesinnung geschlossen, auch wenn keine weiteren, für ein sittenwidriges Verhalten sprechenden Umstände hinzukamen, so bei Teilzahlungs- oder Ratenkreditverträgen mit privaten Kunden,

BGH, Urt. v. 12. 3. 1981 – III ZR 92/79,
BGHZ 80, 153, 161 = ZIP 1981, 369
= NJW 1981, 1206 = WM 1981, 353;

BGH, Urt. v. 10. 7. 1986 – III ZR 133/85,
BGHZ 98, 174, 178 = ZIP 1986, 1037
= NJW 1986, 2564 = WM 1986, 991 m. N.;
dazu EWiR 1986, 869 (*Canaris*),

bei Maklerverträgen,

BGH, Urt. v. 16. 2. 1994 – IV ZR 35/93,
BGHZ 125, 135 = NJW 1994, 1475
= WM 1994, 986 = MDR 1994, 444;
dazu EWiR 1994, 437 (*Schwerdtner*),

und bei Grundstückskaufverträgen,

BGH, Urt. v. 4. 2. 2000 – V ZR 146/98,
NJW 1487, 1488 m. N.;

BGH, Urt. v. 19. 1. 2001 – V ZR 437/99,
BGHZ 146, 298 = ZIP 2001, 747 (m. Bespr. *Flume*, S. 1621)
= ZfIR 2001, 907 = NJW 2001, 1127
= MDR 2001, 683;
dazu EWiR 2001, 607 (*Medicus*);

BGH, Urt. v. 2. 7. 2004 – V ZR 213/03
(zur Veröffentlichung in BGHZ vorgesehen).

116 Zu Grundstückskaufverträgen führt der Bundesgerichtshof in BGHZ 146, 298, 303 ff aus, wegen der hohen finanziellen Aufwendungen, die mit dem Erwerb eines Grundstücks verbunden seien, werde sich sowohl der Erwerber als auch der Veräußerer vor Vertragsschluss „grundlegende Kenntnisse von den Marktpreisen“ verschaffen. Er sei damit regelmäßig ohne weiteres

in der Lage, ein besonders grobes Äquivalenzmissverhältnis zu erkennen. Ob sich aus dem Vorliegen eines solchen Äquivalenzmissverhältnisses im Wege eines Anscheinsbeweises der volle Beweis für eine verwerfliche Gesinnung ergebe oder ob es sich nur um einen Indizienbeweis handele, könne offen bleiben. Jedenfalls handele es sich um eine beweiserleichternde Vermutung, die nur in Ausnahmefällen bei Vorliegen besonderer Umstände vom Tatrichter außer Acht gelassen werden dürfe.

Literatur und Rechtsprechung haben aus dieser Entscheidung eine Art Au- 117
tomatik hergeleitet (auffälliges Missverhältnis = verwerfliche Gesinnung) und es ist versucht worden, diese Automatik für gewerbliche Mietverträge zu übernehmen. So hat das OLG München in einer Entscheidung zu einem Mietvertrag aus der Rechtsprechung des V. Senats des Bundesgerichtshofs hergeleitet, bei einem besonders groben Missverhältnis zwischen Leistung und Gegenleistung sei „in der Regel eine weitere Prüfung der subjektiven Voraussetzungen entbehrlich".

OLG München, Urt. v. 4. 9. 2000 – 17 U 5278/98,
NZM 2000, 1059;

vgl. auch *Bork*, JZ 2001, 1138.

Dem ist der Bundesgerichtshof nicht gefolgt. Die Rechtsprechung zu 118
Grundstückkaufverträgen ist nicht ohne weiteres zu übertragen auf die Prüfung der Frage, ob der Vertragspartner eines für ihn auffällig günstigen Miet- oder Pachtvertrages eine verwerfliche Gesinnung hatte. Anders als bei Teilzahlungs- und Grundstückskaufverträgen ist bei gewerblichen Miet- und Pachtverträgen der objektive Wert der Gegenleistung jedenfalls für Personen, die nicht häufiger mit dem Abschluss solcher Verträge zu tun haben und/oder ortsfremd sind, oft nicht ohne weiteres einzuschätzen. Deshalb ist bei diesen Verträgen im Rahmen der Prüfung, ob aus einem objektiv vorliegenden Missverhältnis auf eine verwerfliche Gesinnung (und damit auf die Nichtigkeit des Vertrages) geschlossen werden kann, eine tatrichterliche Prüfung erforderlich, ob das krasse Missverhältnis für den Begünstigten erkennbar war.

BGH, Urt. v. 13. 6. 2001 – XII ZR 49/99,
ZIP 2001, 1633 = ZfIR 2001, 903
= NJW 2002, 55 = ZMR 2001, 788
= WM 2001, 2391;
dazu EWiR 2001, 1035 (*Bühler*).

Die Vermutung ist jedenfalls widerlegt, wenn sich die Vertragsparteien 119
sachgerecht um die Wertermittlung bemüht haben,

BGH, Urt. v. 19. 7. 2002 – V ZR 240/01,
ZIP 2003, 80 = ZfIR 2003, 307 (LS)
= NJW 2002, 3165;
dazu EWiR 2003, 7 (*Freitag*),

oder wenn die Ermittlung der marktüblichen Miete auch mit Hilfe eines oder mehrerer Sachverständiger nicht zuverlässig gelingt.

BGH, Beschl. v. 16. 4. 2003 – XII ZR 216/01 (nicht veröffentlicht);

OLG Karlsruhe, Urt. v. 26. 9. 2002 – 9 U 13/02, NZM 2003, 108.

4. Nichtigkeit des Mietvertrages wegen eines Verstoßes gegen ein gesetzliches Verbot

120 Die Abrede, zum Zweck der Steuerhinterziehung in dem schriftlichen Mietvertrag eine geringere Miete auszuweisen als vereinbart, ist nach § 134 BGB nichtig. Diese Abrede ist Teil des Rechtsgeschäfts. Ob die Nichtigkeit dieser Abrede die Nichtigkeit des gesamten Rechtsgeschäfts (des Mietvertrages) zur Folge hat, richtet sich nach der für solche Fälle ausdrücklich vorgesehenen Regelung des § 139 BGB. Im Zweifel ist Gesamtnichtigkeit anzunehmen, es sei denn, das Rechtsgeschäft wäre auch ohne den nichtigen Teil abgeschlossen worden.

BGH, Urt. v. 2. 7. 2003 – XII ZR 74/01, NZM 2003, 716 = NJW 2003, 2742 = MDR 2003, 1224; dazu EWiR 2003, 1121 (*H.-G. Eckert*).

5. Aufrechnung gegen Mietforderungen

121 Nach § 309 Nr. 3 BGB (§ 11 Nr. 3 AGBG) sind Klauseln in einem Formularvertrag, durch die dem Vertragspartner des Verwenders die Befugnis genommen wird, mit unbestrittenen oder rechtskräftig festgestellten Forderungen aufzurechnen, generell unwirksam. Klauseln in gewerblichen Mietverträgen, die die Aufrechnung mit unbestrittenen oder rechtskräftig festgestellten Forderungen ausdrücklich (!) zulassen und ein Aufrechnungsverbot nur für andere Forderungen regeln, dürften nicht zu beanstanden sein, wenn sie keine zusätzlichen Benachteiligungen für den Vertragspartner des Verwenders enthalten. Abschließend entschieden sind diese Fragen vom Bundesgerichtshof noch nicht.

Vgl. hierzu *Wolf/Eckert/Ball*, Rz. 465 ff.

6. Lastschriftverfahren

122 In der in einer Formularklausel geregelten Verpflichtung des Schuldners, am Lastschriftverfahren teilzunehmen, sieht der Bundesgerichtshof – entschieden für einen Vertrag über den Anschluss an das Breitbandkabelnetz – jedenfalls bei Abbuchung gleich bleibender nicht allzu hoher Entgelte weder eine Gefährdung der Dispositionsfreiheit noch eine Benachteiligung des

Zahlungspflichtigen. Dies insbesondere auch deshalb, weil der Schuldner die Kontobelastung ohne weiteres und ohne Mitwirkung des Gläubigers rückgängig machen kann.

> BGH, Urt. v. 10. 1. 1996 – XII ZR 271/94,
> ZIP 1996, 462 = NJW 1996, 988;
> dazu EWiR 1996, 337 (*Mankowski*).

Diese Entscheidung dürfte entsprechend für alle gewerblichen Mietverträge gelten.

Kommen Belastungen in wechselnder Höhe in Betracht, sollten dem Schuldner zwischen dem Zugang der Rechnung und dem Tag der Kontobelastung mindestens fünf Werktage verbleiben, damit er vor der Kontobelastung die Rechnung prüfen und für eine ausreichende Deckung auf dem Konto sorgen kann – entschieden zu einem Vertrag über die Inanspruchnahme von Mobilfunkdiensten – 123

> BGH, Urt. v. 23. 1. 2003 – III ZR 54/02,
> ZIP 2003, 350 = NJW 2003, 211
> = NZM 2003, 367;
> dazu EWiR 2003, 463 (*Hensen*).

7. Verjährung

Die Mietforderung unterliegt nunmehr der regelmäßigen dreijährigen Verjährungsfrist gemäß § 195 BGB in der seit 1. Januar 2002 geltenden Fassung. Die Verjährung beginnt mit dem Schluss des Jahres, in dem die Forderung entstanden ist (§ 199 Abs. 1 Nr. 1 BGB n. F.). Entstanden in diesem Sinn ist die Mietforderung nicht schon mit Vertragsschluss, sondern erst jeweils bei Fälligkeit. 124

Die Rechtsverfolgung unterbricht die Verjährung nicht mehr, sondern hemmt sie (§ 204 BGB n. F.). Nach § 203 BGB n. F. hemmen Verhandlungen zwischen Gläubiger und Schuldner über den Anspruch oder die den Anspruch begründenden Umstände die Verjährung (neuer, allgemeiner Hemmungstatbestand, so dass § 852 Abs. 2 BGB a. F. nicht mehr analog herangezogen werden muss). 125

8. Wertsicherungsklauseln

Da für gewerbliche Mietverträge (anders als für Wohnungsmietverträge) keine gesetzlichen Mietanpassungsregeln vorgesehen sind, spielt bei gewerblichen Mietverträgen eine vereinbarte Wertsicherung eine wichtige Rolle. 126

Es kann eine Staffelmiete vereinbart werden, d. h., für verschiedene Zeiträume eines langfristigen Mietvertrages wird jeweils eine andere (regelmäßig sich steigernde) Miete festgelegt. 127

128 § 557a BGB (§ 10 MHG a. F.), der für das Wohnungsmietrecht Grenzen für die Vereinbarung einer Staffelmiete vorsieht, gilt für das gewerbliche Mietrecht nicht.

129 Eine Staffelmietvereinbarung, die eine Erhöhung der Miete in regelmäßigen Zeitabständen vorsieht, ist nicht wegen Störung des Äquivalenzverhältnisses nach den Grundsätzen des Wegfalls der Geschäftsgrundlage zugunsten des Mieters anzupassen oder auszusetzen, wenn das Mietniveau fällt. Die Staffelmiete schafft beiden Parteien eine langfristige Kalkulationsgrundlage. Beide übernehmen das Risiko, dass die vertragliche Mietänderung nicht mit der Entwicklung der Mietpreise korrespondiert.

BGH, Urt. v. 8. 5. 2002 – XII ZR 8/00,
ZfIR 2002, 980 = NZM 2002, 659
= NJW 2002, 2384 = ZMR 2002, 659
= MDR 2002, 1114.

130 Der Bundesgerichtshof deutet an, dass in wirklich extremen Ausnahmefällen das Festhalten an der übernommenen Risikoverteilung für eine Partei unzumutbar sein kann.

131 Wertsicherungsklauseln in gewerblichen Mietverträgen sind allgemein verbreitet und können deshalb nicht als überraschend angesehen werden. Auch wenn sie in einem Formularvertrag enthalten sind, sind sie (jedenfalls im Grundsatz) nicht zu beanstanden.

Vgl. im Einzelnen *Wolf/Eckert/Ball*, Rz. 432 ff.

132 § 3 WährG, der die Zulässigkeit solcher Klauseln regelte, wurde mit der Einführung des Euro gemäß Art. 9 § 1 EuroEG zum 31. Dezember 1998 aufgehoben. Nach altem Recht genehmigte Klauseln bleiben wirksam.

133 Für nach dem 1. Januar 1999 abgeschlossene Gewerberaummietverträge (für Wohnungsmietverträge siehe § 557b BGB n. F., früher: § 10a MHG) bestimmt § 2 PaPkG (Preisangaben- und Preisklausel-Gesetz) im Grundsatz, dass der Betrag von Geldschulden nicht unmittelbar oder selbsttätig durch den Preis oder Wert von anderen Gütern oder Leistungen bestimmt werden darf, die mit den vereinbarten Gütern oder Leistungen nicht vergleichbar sind. Gemäß § 2 Abs. 1 Satz 2 PaPkG kann das Bundesministerium für Wirtschaft auf Antrag Ausnahmen genehmigen, und zwar „einzeln oder allgemein“ (durch Rechtsverordnung), § 2 Abs. 2 PaPkG, wenn bestimmte Voraussetzungen (§ 2 Abs. 1 PaPkG) erfüllt sind: Insbesondere müssen die Zahlungen langfristig zu erbringen sein und die Klausel darf nicht eine Partei unangemessen benachteiligen. Die Bundesregierung kann eine andere Genehmigungsbehörde bestimmen (§ 2 Abs. 2 Nr. 3 PaPkG) und hat dies inzwischen getan: Das Bundesamt für Wirtschaft in 65760 Eschborn, Frankfurter Straße 29/31.

134 Auch das neue Recht kennt genehmigungsfreie und genehmigungsbedürftige Klauseln.

Nach § 1 PrKV (Preisklauselverordnung, erlassen aufgrund der Ermächtigung in § 2 Abs. 2 PaPkG) sind genehmigungsfrei: 135

a) **so genannte Leistungsvorbehaltsklauseln.** Die Miete soll nicht automatisch steigen oder fallen, sondern – unter Berücksichtigung von Billigkeitserwägungen – neu festgesetzt werden, und zwar durch Vereinbarung der Parteien (hilfsweise durch das Gericht), durch den Vermieter nach billigem Ermessen (§§ 315 ff BGB) oder – häufig – durch einen Schiedsgutachter. In der Klausel sollte geregelt sein, unter welchen Voraussetzungen eine Änderung eintreten soll (z. B.; wenn ein bestimmter Index in einer bestimmten Weise gestiegen oder gefallen ist), ob es sich um eine Neufestsetzung unabhängig von der Ausgangsmiete oder um eine Anpassung handeln soll und welcher Maßstab der Änderung zurunde gelegt werden soll (z. B.: Entwicklung der marktüblichen Miete).
b) **so genannte Spannungsklauseln.** Es soll zwar eine automatische Anpassung der Miete stattfinden, als Maßstab dafür wird aber die Entwicklung bei im Wesentlichen gleichartigen oder zumindest vergleichbaren Leistungen oder Gütern festgelegt (z. B.: Die Untermiete soll sich verändern wie die Hauptmiete).
c) **so genannte Kostenelementeklauseln.** Es wird geregelt, dass echte Kostensteigerungen auf die Miete aufgeschlagen werden dürfen. Es muss sich um Kostenfaktoren handeln, die der Vermieter im Zusammenhang mit der Mietsache zu tragen hat und die nicht im Rahmen der Nebenkosten auf den Mieter abgewälzt sind (z. B.: Versicherungsprämien). Es darf sich also nicht um eine versteckte Mieterhöhung handeln.

Genehmigungsbedürftig sind – mit Ausnahme der Spannungsklauseln – an sich alle genehmigungsfähigen Klauseln, die eine automatische Anpassung vorsehen. 136

Eine wichtige Neuerung ist jedoch: Nach § 4 Abs. 1 Nr. 1a und 2 PrKV gelten genehmigungsfähige (zu den Voraussetzungen siehe oben Rz. 133, § 2 Abs. 1 PaPkG) Wertsicherungsklauseln in Gewerbemietverträgen als genehmigt (d. h.: bedürfen keiner besonderen Einzelgenehmigung), wenn die Miete durch eine Änderung eines von einem statistischen Amt (Bundesamt, Landesamt oder Amt der Europäischen Gemeinschaft) ermittelten Preisindex bestimmt werden soll und aus der Sicht des Mieters eine zehnjährige Laufzeit garantiert ist, wenn also der Vermieter durch die Vereinbarung der Laufzeit oder z. B. durch eine dem Mieter eingeräumte Option zehn Jahre gebunden ist 137

Da andere Klauseln in Gewerberaummietverträgen im Regelfall nicht genehmigungsfähig sein dürften, ist in diesem Bereich für genehmigungsbedürftige Klauseln kaum mehr Raum. 138

Es steht den Vertragsparteien frei, beim Bundesamt für Wirtschaft zur Sicherheit ein „Negativattest“ darüber einzuholen, dass die Wertsicherungsklausel nicht genehmigungsbedürftig ist. 139

Schultz, in: Bub/Treier, III Rz. 247;

zur Neuregelung allgemein vgl.
Pakuscher, NZM 1998, 497;
Kirchhoff, NZM 1998, 900;
Schmidt-Räntsch, NJW 1998, 3166;
Schultz, in: Bub/Treier, III Rz. 244 ff;
Palandt-*Heinrichs*, BGB, § 245 Rz. 24 ff.

140 Bei in Altverträgen enthaltenen Wertsicherungsklauseln, die sich auf die früheren Indizes des Statistischen Bundesamtes beziehen, ergibt sich ein Problem, weil das Statistische Bundesamt diese Indizes (z. B. Vierpersonenhaushalt mit mittlerem Einkommen) seit dem 1. Januar 2003 nicht mehr fortschreibt. Seither gibt es als Indizes des Statistischen Bundesamtes nur noch den „Verbraucherpreisindex für Deutschland" und den „Harmonisierten Preisindex". Der Harmonisierte Preisindex dient im Wesentlichen der Vergleichbarkeit der Preisentwicklungen in der EU. Er ist häufigen Änderungen unterworfen und deshalb für eine Wertsicherungsklausel denkbar ungeeignet. Es ist deshalb geboten, Wertsicherungsklauseln in Altverträgen, die auf einen nicht fortgeführten Index abstellen, auf den Verbraucherpreisindex für Deutschland umzustellen.

141 Durch welchen rechtlichen Schritt die Umstellung erfolgen soll oder kann, ist bisher nicht geklärt. Es wird die Meinung vertreten, jede Vertragspartei könne von der anderen die Einwilligung in eine entsprechende Vertragsänderung verlangen.

So *Lützenkirchen*, NZM 2001, 835.

142 Welche Vorteile dieses aufwendige und im Streitfall mit erhöhten Kosten verbundene Verfahren hätte, leuchtet nicht ein. Es liegt näher anzunehmen, dass der Vermieter im Wege der ergänzenden Vertragsauslegung ohne weiteres Anspruch hat auf die nach einer Umrechnung auf den neuen Index angefallene höhere Miete.

143 Solange die Frage nicht geklärt ist, empfiehlt es sich – jedenfalls bei langfristigen, höherwertigen Verträgen und wenn Einvernehmen zwischen den Parteien herrscht – unter Beachtung der Schriftformerfordernisse eine entsprechende Änderungsvereinbarung abzuschließen.

144 Die Umrechnung von dem alten auf den neuen Index ist kompliziert. Das Statistische Bundesamt stellt hierzu aber – jedenfalls zur Zeit noch – im Internet ein ausgezeichnetes Programm zur Verfügung (www.destatis.de, Menü: Preise / Wertsicherungsklauseln / Internetprogramm), mit dessen Hilfe man schnell und mühelos zunächst den so genannten Schwellenwert ermitteln kann (den Wert, bei dessen Erreichen im neuen Index eine Anpassung zu erfolgen hat). Anschließend ist die ab diesem Zeitpunkt zu zahlende Miete zu berechnen. Diese Berechnung ist relativ einfach, wenn nach der Klausel eine Anpassung erfolgen soll bei einer bestimmten prozentualen Veränderung des (alten) Index. Schwieriger ist sie, wenn die Anpassung bei

einer bestimmten Veränderung der Punkte des Index erfolgen soll. Auch hierzu hilft das Computerprogramm aber weiter.

9. Verfahrensfragen

Mietzinsforderungen können (entgegen Meinungen in der Literatur) im Urkundenprozess geltend gemacht werden. 145

BGH, Beschl. v. 10. 3. 1999 – XII ZR 321/97,
ZMR 1999, 380 = NJW 1999, 1408;
dazu EWiR 1999, 479 (*H.-G. Eckert*).

Unzulässig ist der Urkundenprozess, wenn die vom Vermieter zu beweisende Überlassung der Mietsache bestritten ist und mit den Beweismitteln des Urkundenprozesses nicht bewiesen werden kann. 146

OLG Düsseldorf, Urt. v. 1. 4. 2004 – 24 U 227/03,
ZMR 2004, 673.

Das OLG Düsseldorf meint in dieser Entscheidung weiter, der Urkundenprozess sei auch dann unzulässig, wenn der Mieter die tatsächlichen Voraussetzungen einer Minderung mit den im Urkundenprozess zulässigen Beweismitteln nachweisen könne. Das leuchtet nicht ohne weiteres ein. 147

Beruft sich ein mit der Ermittlung des Mietwertes eines Mietobjektes beauftragter Sachverständiger weniger auf sein Erfahrungswissen, sondern vorrangig auf die für Vergleichsobjekte gezahlte Miete, so muss er diese Vergleichsobjekte grundsätzlich in einer Weise offen legen, die dem Gericht und den Beteiligten eine Überprüfung ermöglicht. 148

BVerfG, Beschl. v. 7. 4. 1997 – 1 BvR 587/95,
NJW 1997, 1909 = ZMR 1997, 341;
dazu EWiR 1997, 1087 (*Sander*);

BGH, Urt. v. 15. 4. 1994 – V ZR 286/92,
NJW 1994, 2899.

Abstriche an der Offenlegungspflicht können gerechtfertigt sein, z. B. wenn eine Partei ihre Zweifel nicht hinreichend substantiiert hat oder der Sachverständige eine Offenlegung aus anerkennenswerten Gründen verweigert und die Nichtverwertung des Gutachtens für die beweisbelastete Partei zum Rechtsverlust führen würde. Ein Hinweis des Sachverständigen auf seine berufliche Schweigepflicht reicht nicht aus. 149

Eine „Lagebezeichnung ohne Adressenangabe“ kann genügen. 150

BVerfG, Beschl. v. 7. 4. 1997 – 1 BvR 587/95,
NJW 1997, 1909 = ZMR 1997, 341;
dazu EWiR 1997, 1087 (*Sander*).

151 Zu den Voraussetzungen, unter denen man die unterbliebene Offenlegung der Vergleichsobjekte mit der Revision rügen kann, vgl.

BGH, Beschl. v. 15. 10. 1996 – XII ZR 33/95,
NJW-RR 1997, 459.

IV. Gewährleistung des Vermieters

1. Schadensersatz bei Nichtgewährung des Gebrauchs

Kann der Vermieter dem Mieter die vermietete Sache wegen eines schon bei Vertragsschluss vorliegenden Mangels nicht in einer für den vertragsgemäßen Gebrauch tauglichen Beschaffenheit überlassen, so kommt (neben z. B. dem Recht zur fristlosen Kündigung nach § 543 Abs. 1 und Abs. 2 Nr. 1 BGB n. F. = § 542 BGB a. F.) ein Schadensersatzanspruch des Mieters nach § 536a Abs. 1 BGB n. F. = § 538 Abs. 1 BGB a. F. in Betracht. Es handelt sich um eine – dem BGB an sich fremde – verschuldensunabhängige Garantiehaftung. Die mietrechtlichen Gewährleistungsbestimmungen – und damit auch der dem § 538 Abs. 1 BGB a. F. in diesem Punkt inhaltlich unverändert nachgebildete § 536a BGB n. F. – sind aber nach der ständigen Rechtsprechung des Bundesgerichtshofes nur anwendbar, wenn die Mietsache dem Mieter übergeben worden ist. 152

BGH, Urt. v. 12. 10. 1977 – VIII ZR 73/76,
WM 1977, 1328 = NJW 1978, 103;

BGH, Urt. v. 10. 11. 1982 – VIII ZR 252/81,
BGHZ 85, 267 = WM 1983, 44
= NJW 1983, 446;

BGH, Urt. v. 18. 6. 1997 – XII ZR 192/95,
BGHZ 136, 102 = ZIP 1997, 1594
= ZfIR 1997, 523;
dazu EWiR 1997, 971 (*Sternel*);

BGH, Beschl. v. 25. 11. 1998 – XII ZR 12/97,
WM 1999, 603 = NJW 1999, 635;
dazu EWiR 1999, 491 (*H.-W. Eckert*).

§ 536 BGB n. F. stellt (genauso wie § 537 BGB a. F.) darauf ab, ob die Mietsache „zur Zeit der Überlassung an den Mieter" (also zur Zeit der Übergabe) einen Mangel (früher inhaltsgleich: Fehler) hat; und § 536a BGB n. F. setzt wie § 538 Abs. 1 BGB a. F. einen solchen Mangel voraus. Insofern hat sich an der Rechtslage nichts geändert. Bis zur Übergabe sind die allgemeinen Regeln über Leistungsstörungen anzuwenden. 153

BGH, Urt. v. 18. 6. 1997 – XII ZR 192/95,
BGHZ 136, 102 = ZIP 1997, 1594
= ZfIR 1997, 523;
dazu EWiR 1997, 971 (*Sternel*);

BGH, Beschl. v. 25. 11. 1998 – XII ZR 12/97,
WM 1999, 603 = NJW 1999, 635;
dazu EWiR 1999, 491 (*H.-W. Eckert*).

Die dogmatischen Schwierigkeiten, die sich – insbesondere bei der Vermietung von erst noch herzustellenden Sachen (so genannte Vermietung auf dem Reißbrett) – daraus ergaben, dass § 306 BGB a. F. in Fällen anfänglicher objektiver Unmöglichkeit die Nichtigkeit des Vertrages anordnete, 154

vgl. BGH, Urt. v. 18. 6. 1997 – XII ZR 192/95,
BGHZ 136, 102 = ZIP 1997, 1594 m. w. N.
= ZfIR 1997, 523;
dazu EWiR 1997, 971 (*Sternel*),

sind mit der Schuldrechtsreform entfallen, weil § 306 BGB a. F. ersatzlos gestrichen wurde und nach § 275 BGB n. F. die anfängliche Unmöglichkeit wie die nachträgliche behandelt wird.

155 Nach dem Wortlaut des § 536a Abs. 1 BGB n. F. (wie nach § 538 Abs. 1 BGB a. F.) greift die verschuldensunabhängige Garantiehaftung des Vermieters nur ein, wenn der Mangel der Mietsache schon bei Abschluss des Mietvertrages vorhanden war. Soll die Mietsache bei Abschluss des Mietvertrages erst hergestellt werden, kann zu diesem Zeitpunkt der Mangel regelmäßig noch nicht vorliegen, weil es die Sache noch nicht gibt. Nach ständiger Rechtsprechung des Bundesgerichtshofes ist jedoch bei der Vermietung erst noch herzustellender Sachen diese Garantiehaftung entsprechend anwendbar, wenn der Mangel entweder bei der Übergabe oder bei der Fertigstellung der Mietsache vorgelegen hat.

So schon
BGH, Urt. v. 29. 4. 1953 – VI ZR 212/52,
BGHZ 9, 320 = NJW 1953, 1180;

BGH, Urt. v. 16. 1. 1963 – VIII ZR 169/61,
WM 1963, 321 = NJW 1963, 804.

156 Die verschuldensunabhängige Garantiehaftung kann bei Gewerberaummietverträgen durch Formularvertrag wirksam ausgeschlossen werden.

BGH, Urt. v. 27. 1. 1993 – XII ZR 141/91,
NJW-RR 1993, 519, und

BGH, Urt. v. 3. 7. 2002 – XII ZR 327/00,
ZMR 2002, 899 = NZM 2002, 784
= NJW 2002, 3232.

157 Die gleiche Haftung trifft den Vermieter, wenn nach Vertragsschluss und nach Übergabe der Mietsache Mängel auftreten, die er zu vertreten hat oder mit deren Beseitigung er in Verzug geraten ist (§ 536a Abs. 1 BGB n. F.).

158 Eine Ausnahme von dem Grundsatz, dass die an einen Mangel der Mietsache anknüpfenden Gewährleistungsbestimmungen des Mietrechts nur anzuwenden sind, wenn die Mietsache übergeben worden ist, hat der Bundesgerichtshof zum alten Recht bei Rechtsmängeln gemacht.

BGH, Urt. v. 5. 7. 1991 – V ZR 115/90,
WM 1991, 1931 = ZMR 1991, 418
= NJW 1991, 3277 = MDR 1992, 159.

Inwieweit diese Entscheidung unter der Geltung des neuen Rechts Bedeutung behält, ist noch nicht abzusehen.

Kommt es nicht zur Übergabe der Mietsache, weil der Vermieter sie nicht in einem zum vertragsgemäßen Gebrauch geeigneten Zustand zur Verfügung stellen kann, und sind deshalb die Gewährleistungsbestimmungen des Mietrechts nicht anwendbar, kommt dennoch nach dem allgemeinen Recht der Leistungsstörungen ein Schadensersatzanspruch des Mieters gegen den Vermieter in Betracht, weil der Vermieter regelmäßig – von seltenen Ausnahmefällen abgesehen – mit dem Abschluss des Mietvertrages das Beschaffungsrisiko (§ 276 Abs. 1 Satz 1 BGB n. F.) übernommen hat (§§ 275, 276 Abs. 1, 283, 284, 311a Abs. 2 BGB n. F.). 159

Diese neue gesetzliche Regelung entspricht der Rechtsprechung des Bundesgerichtshofs zum alten Recht: Danach kamen vertragliche Schadensersatzansprüche des Mieters gegen den Vermieter nach § 325 BGB a. F. in Betracht, wenn es nicht zur Übergabe der Mietsache kam, weil sich der Vermieter verpflichtet hatte, sie in einem Zustand zur Verfügung zu stellen, der nicht herstellbar war. Der Vertrag blieb wirksam. 160

> BGH, Urt. v. 18. 6. 1997 – XII ZR 192/95,
> BGHZ 136, 102 = ZIP 1997, 1594;
> dazu EWiR 1997, 971 (*Sternel*);
>
> BGH, Beschl. v. 25. 11. 1998 – XII ZR 12/97,
> WM 1999, 603 = NJW 1999, 635;
> dazu EWiR 1999, 491 (*H.-W. Eckert*).

Hat der Vermieter die Mietsache ordnungsgemäß überlassen und wird sie danach, ohne dass es der Vermieter zu vertreten hat, derart beschädigt, dass ihre Wiederherstellung nicht möglich oder dem Vermieter nicht zumutbar ist, so wird der Vermieter von seiner Verpflichtung zur Gewährung des Gebrauchs nach § 275 Abs. 1 BGB frei. Der Mieter wird nach § 326 Abs. 1 BGB n. F. (§ 323 Abs. 1 BGB a. F.) von seiner Verpflichtung zur Zahlung des Mietzinses ebenfalls frei, wenn auch er den Schaden nicht zu vertreten hat. 161

> BGH, Urt. v. 26. 9. 1990 – VIII ZR 205/89,
> ZIP 1990, 1483 = WM 1991, 26
> = ZMR 1991, 19 = NJW-RR 1991, 204
> = MDR 1991, 329 = DB 1990, 2517
> = BB 1990, 2366;
> dazu EWiR 1990, 1187 (*Emmerich*).

Soweit die Übergabe der Mietsache unterbleibt, wird im Regelfall dem Vermieter jedenfalls bei der Raummiete die ihm obliegende Gebrauchsüberlassung durch Zeitablauf nachträglich unmöglich. 162

> BGH, Urt. v. 14. 11. 1990 – VIII ZR 13/90,
> WM 1991, 328 = ZMR 1991, 57
> = NJW-RR 1991, 267 = DB 1991, 1376;
> dazu EWiR 1991, 239 (*I. Pape*).

(Teil-)Unmöglichkeit tritt in solchen Fällen allerdings nur ein, wenn die für den Verspätungszeitraum geschuldete Gebrauchsgewährung nicht nachge- 163 holt werden kann. Nachgeholt werden kann sie z. B., wenn das Mietverhältnis erst mit der Übergabe der Mietsache beginnen und von diesem Zeitpunkt an – zunächst – für eine feste Zeitspanne bestehen soll: Dann kommt statt Unmöglichkeit Verzug in Betracht.

BGH, Urt. v. 23. 9. 1992 – XII ZR 44/91,
WM 1993, 172 = ZMR 1993, 7
= NJW 1992, 3226 = MDR 1992, 1147;
vgl. auch BGHR BGB § 537 Abs. 1 Nachbarwiderspruch 2.

164 Nach dem vom Bundesgerichtshof vertretenen Schadensbegriff (der Geschädigte ist so zu stellen, wie er gestanden hätte, wenn das schädigende Ereignis nicht eingetreten wäre) kann an sich ein Mieter, der dem Grunde nach Schadensersatz verlangen kann, weil ihm der Gebrauch der Mietsache nicht ordungsgemäß überlassen worden ist (§ 538 Abs. 1 BGB a. F. = § 536a Abs. 1 BGB n. F.), Aufwendungen, die er im Vertrauen auf eine ungestörte Abwicklung des Geschäfts gemacht hat und die jetzt nutzlos geworden sind (z. B. Maklerkosten), nicht als Schaden geltend machen, weil diese Aufwendungen auch ohne das schädigende Ereignis entstanden wären. Die Rechtsprechung vermied dieses offensichtlich unbillige Ergebnis durch die Annahme, es spreche eine (allerdings widerlegbare) „Rentabilitätsvermutung" dafür, dass der enttäuschte Vertragspartner seine Aufwendungen durch Vorteile aus der vereinbarten Gegenleistung wieder erwirtschaftet hätte.

Vgl. hierzu z. B.
BGHZ 99, 182, 196 f m. w. N.;
BGH, Urt. v. 30. 6. 1993 – XII ZR 136/91,
BGHZ 123, 96 = ZIP 1993, 1165
= NJW 1993, 2527;
dazu EWiR 1993, 855 (*Medicus*);
vgl. auch BGHR BGB § 249 Aufwendungsersatz 1.

165 § 284 BGB n. F. bestimmt nun ausdrücklich, der Gläubiger könne „anstelle des Schadensersatzes statt der Leistung" Ersatz der Aufwendungen verlangen, die er im Vertrauen auf den Erhalt der Leistung gemacht hat und billigerweise machen durfte, es sei denn, deren Zweck wäre auch ohne Pflichtverletzung des Schuldners nicht erreicht worden.

166 Das Recht zur fristlosen Kündigung nach § 542 BGB a. F., § 543 n. F. BGB muss innerhalb einer angemessenen Frist ausgeübt werden, nachdem der Berechtigte den Kündigungsgrund erfahren hat. Unter Würdigung aller Umstände des Einzelfalles ist zu beurteilen, ob die Kündigungserklärung nach Treu und Glauben noch zulässig war.

OLG Celle, Urt. v. 26. 10. 1994 – 2 U 238/93,
ZMR 1995, 298;

ähnlich OLG München, Urt. v. 9. 2. 1996
– 21 U 4494/94, ZMR 1996, 487, 490.

Die Beweislast für die rechtzeitige und mangelfreie Erledigung von Handwerkerarbeiten, die der Vermieter nach dem Vertrag vor der Gebrauchsüberlassung durchzuführen hat, trägt der Vermieter, weil er Erfüllungsbereitschaft darlegen und beweisen muss. 167

OLG Köln, Urt. v. 18. 12. 1996 – 27 U 17/96, ZMR 1997, 230.

Werden zu einem noch nicht fertig gestellten Mietobjekt vom Vermieter falsche, überhöhte Flächenangaben gemacht, kann der Mieter zum Rücktritt vom Vertrag berechtigt sein. 168

OLG Hamm, Urt. v. 1. 10. 1997 – 33 U 37/97, NJW-RR 1998, 152.

2. Sachmängelhaftung

Die Gewährleistungsrechte des Mieters wegen eines Sachmangels (Mangelbeseitigung nach. §§ 535 Abs. 1 Satz 2, 536a Abs. 2 BGB n. F. = §§ 536, 538 Abs. 2 BGB a. F, Minderung der Miete kraft Gesetzes nach § 536 BGB n. F. = § 537 BGB a. F., eventuell Schadensersatz nach § 536a Abs. 1 BGB n. F. = § 538 Abs. 1 BGB a. F. und fristlose Kündigung nach § 543 Abs. 1 und Abs. 2 Nr. 1 BGB n. F. = § 542 Abs. 1 BGB a. F.) setzen voraus, dass der Mietsache eine besonders zugesicherte Eigenschaft fehlt – was bei Mietverträgen, anders als bei Kaufverträgen, keine große praktische Bedeutung hat – oder dass die Mietsache mit einem Mangel (früher inhaltsgleich: Fehler) behaftet ist (§ 537 Abs. 1 BGB a. F. = § 536 Abs. 1 BGB n. F.). 169

Die Mietrechtsreform hat in diesem Zusammenhang – jedenfalls für die Gewerberaummiete – keine wesentlichen Änderungen eingeführt, so dass die vor der Reform ergangenen Entscheidungen weiter zu berücksichtigen sind. 170

Mangel ist jede Abweichung des tatsächlichen Zustandes der Mietsache (Istbeschaffenheit) von der durch die Erfordernisse des vertragsgemäßen Gebrauchs bestimmten Sollbeschaffenheit. Die Sollbeschaffenheit muss demnach nicht in jedem Fall der Normalbeschaffenheit, der üblichen Beschaffenheit einer Sache entsprechen. Es gilt vielmehr der so genannte subjektive Mangelbegriff. Wird ein Oldtimer vermietet, um lediglich als Blickfang bei einer Veranstaltung ausgestellt zu werden, muss er nicht unbedingt fahrbereit sein. Umgekehrt genügt die übliche Tragfähigkeit einer Geschossdecke nicht, wenn die Räume zur Aufnahme besonders schwerer Maschinen oder einer Bibliothek vermietet sind. 171

Fehlt eine besondere Vereinbarung, wird im Zweifel die übliche Beschaffenheit geschuldet. 172

BGH, Urt. v. 26. 7. 2004 – VIII ZR 281/03 (zur Veröffentlichung vorgesehen);

Wolf/Eckert/Ball, Rz. 206 ff.

173 Es ist von grundsätzlicher Bedeutung, ob bei einer Änderung der einschlägigen Standards die Frage, ob und eventuell ab welchem Zeitpunkt eine Schadstoffbelastung einen Mangel der Mietsache darstellt, nach den bei Vertragsschluss geltenden Standards oder nach den veränderten Standards zu beurteilen ist. Es kann deshalb einen Verfassungsverstoß darstellen, wenn ein Gericht diese Frage nicht durch einen Rechtsentscheid klären lässt.

BVerfG, 1. Kammer des 1. Senats, Beschl. v. 4. 8. 1998 – 1 BvR 1711/94, ZMR 1998, 687.

174 Das OLG Köln hat entschieden, eine übermäßige Aufheizung von gemieteten Büroräumen durch Sonneneinstrahlung könne einen Sachmangel darstellen. Eine Gebrauchstauglichkeit solcher Räume könne nur angenommen werden, wenn die Arbeitsbedingungen nicht aufgrund des Bauzustandes in unzuträglicher Weise beeinträchtigt würden. Zuträgliche Arbeitsbedingungen setzten auch voraus, dass sich das Raumklima in akzeptablen Grenzen halte. Eine absolute Höchstgrenze für die zulässige Innentemperatur im Sommer sei zwar nicht gesetzlich vorgegeben. Die durchgeführte Beweisaufnahme habe aber ergeben, dass eine Innentemperatur von 26° C „an der oberen Grenze des Behaglichkeitsbereiches“ liege und jedenfalls nicht für einen längeren Zeitraum wesentlich überschritten werden dürfe. Die diesbezüglichen Ausführungen des Sachverständigen deckten sich z. B. mit (allerdings nicht unmittelbar anwendbaren) DIN-Normen (DIN 1946, Teil 2 „Raumlufttechnik“, Abschnitt 3.1.3.), nach denen die maximale Raumlufttemperatur bei Außentemperaturen von weniger als 26° C nur 25° C betragen dürfe, bei höheren Außentemperaturen nicht mehr als 27° C.

175 Die unzuträgliche Überschreitung der zumutbaren Innentemperatur beruhe auf einem Mangel der Mietsache, nämlich „dem Fehlen eines bauseits vorhandenen Sonnenschutzes“. Gewährleistungsansprüche nach den §§ 537, 538 BGB a. F. waren in entsprechender Anwendung des § 539 BGB a. F. ausgeschlossen. Das Oberlandesgericht hat die Vermieterin aber nach § 536 BGB a. F. verurteilt, zur Herstellung des vertragsgemäßen Zustandes die Räume mit einem außenliegenden Sonnenschutz zu versehen.

OLG Köln, Urt. v. 28. 10. 1991 – 2 U 185/90, NJW-RR 1993, 466.

176 Der Bundesgerichtshof hat die Revision der Vermieterin nicht angenommen.

BGH, Beschl. v. 9. 12. 1992 – XII ZR 247/91, (nicht veröffentlicht);

ähnlich
OLG Hamm, Urt. v. 18. 10. 1994 – 7 U 132/93, NJW-RR 1995, 143.

Das OLG Rostock hat unter Berufung auf die Arbeitsstättenverordnung entschieden, zur Ausübung eines Gewerbes vermietete Räume, in denen Arbeitnehmer beschäftigt werden sollten, müssten so beschaffen sein, dass bei Außentemperaturen bis zu 32° C die Innentemperatur allenfalls 26° C betrage und dass bei höheren Außentemperaturen als 32° C die Innentemperatur mindestens 6° C geringer sei als die Außentemperatur. Andernfalls liege ein Mangel der Mietsache vor. Dem Mieter sei auch nicht zuzumuten, zur Vermeidung höherer Temperaturen nachts die Fenster offen zu halten. 177

OLG Rostock, Urt. v. 29. 12. 2000 – 3 U 83/98,
NZM 2001, 425 = NJW-RR 2001, 802.

In einem vom OLG Köln entschiedenen Fall machte der Mieter eine Minderung des Mietzinses geltend, weil das an der Zapfstelle in der Küche des gemieteten Bürogebäudes entnommene Wasser einen nach der Trinkwasserverordnung unzulässigen Bleigehalt hatte. An anderen Zapfstellen des gemieteten Gebäudes war das entnommene Wasser einwandfrei. Das Oberlandesgericht führt aus, grundsätzlich gehöre auch bei der Vermietung von Büro- und Lagerräumen eine den Rechtsvorschriften entsprechende Qualität des Trinkwassers zu den Eigenschaften der Mietsache, die ihren vertragsgemäßen Gebrauch mitbestimmten, weil die Mitarbeiter des Mieters z. B. das Trinkwasser zum Kaffeekochen benutzten. Zum vertragsgemäßen Zustand der Mietsache gehöre, dass gerade in der Küche einwandfreies Trinkwasser zur Verfügung stehe. Im konkreten Fall sei aber eine Minderung um nur 5 % angemessen, da die Flächen überwiegend nur zu Lagerzwecken vermietet gewesen seien und die Mieterin dort nur vier bis sechs Mitarbeiter beschäftigt habe, deren Bedarf an Trinkwasser für ca. 100 DM im Monat durch Mineralwasser gedeckt werden könne. 178

OLG Köln, Urt. v. 30. 4. 1991 – 22 U 277/90,
ZMR 1992, 155.

Der Vermieter gewerblicher Räume ist ohne eine entsprechende Vereinbarung im Mietvertrag nicht befugt, den Mieter selbst mit Strom zu versorgen, statt die vermieteten Räume an die öffentliche Stromversorgung anschließen zu lassen. Der Vermieter hat, wenn sich aus dem Mietvertrag nichts anderes ergibt, grundsätzlich dafür einzustehen, dass die vermieteten Räume über einen Stromanschluss an das allgemeine Versorgungsnetz verfügen. Fehlt ein solcher Anschluss, hat der Mieter nicht nur einen Anspruch auf Herstellung nach § 536 BGB, es liegt dann regelmäßig auch ein Sachmangel i. S. d. § 537 BGB (jeweils a. F.) vor. 179

BGH, Urt. v. 30. 6. 1993 – XII ZR 161/91,
ZIP 1993, 1167 = WM 1993, 1857
= ZMR 1993, 455 = NJW-RR 1993, 1159
= MDR 1993, 972;
dazu EWiR 1993, 865 (*H.-G-Eckert*);
vgl. auch BGHR BGB § 535 Satz 1 Gebrauchsgewährung 4.

180 Das OLG Hamburg nimmt einen Sachmangel an, wenn Wohnräume ohne Genehmigung einer Nutzungsänderung zu gewerblichen Zwecken vermietet sind und auch nur die – allerdings schon „konkrete" – Gefahr besteht, die Nutzung könne in Zukunft durch ein Einschreiten der Behörde beeinträchtigt werden. Eine solche Gefahr führe aber nur zu einer Mietminderung von 10 %.

OLG Hamburg, Urt. v. 27. 3. 1996
– 4 U 169/95, NJW-RR 1996, 1356;
dazu EWiR 1997, 67 (*H.-G. Eckert*);

ähnlich für die Vermietung einer Wohnung als Arztpraxis
KG, Urt. v. 15. 1. 1996 – 8 U 6509/94,
ZMR 1996, 263.

181 Für die Wohnraummiete hat der VIII. Zivilsenat des Bundesgerichtshofs entschieden, es stelle „grundsätzlich" einen Mangel der Mietsache dar, wenn die tatsächliche Fläche um mehr als 10 % geringer sei als die im Mietvertrag angegebene Fläche; der Mieter müsse dann nicht weiter darlegen, dass deshalb die Tauglichkeit der Wohnung zum vertragsgemäßen Gebrauch eingeschränkt sei.

BGH, Urt. v. 24. 3. 2004 – VIII ZR 295/03,
NZM 2004, 453 = NJW 2004, 1947;
dazu EWiR 2004, 791 (*H.-G. Eckert*).

Die Entscheidung äußert sich nicht dazu, ob es sich um eine (widerlegbare?) Vermutung handelt. Man kann nicht ohne weiteres davon ausgehen, dass diese Entscheidung für das gewerbliche Mietrecht übernommen wird. Zur Begründung zieht der VIII. Zivilsenat zum Teil Argumente heran, die für das gewerbliche Mietrecht offensichtlich nicht gelten (z. B.: Die im Mietvertrag angegebene Mietfläche sei im Rahmen eines Mieterhöhungsverfahrens nach § 558 Abs. 2 BGB n. F. von Bedeutung für die Ermittlung der ortsüblichen Vergleichsmiete.).

182 Ohne eine besondere Vereinbarung stellt es keinen Mangel der Mietsache dar, wenn großflächige Ladenfenster keine Sicherungsvorkehrungen gegen Einbruch haben, und zwar auch dann nicht, wenn der Mieter nach einer Einbruchserie für die Zukunft keinen Versicherungsschutz mehr erlangen kann.

KG, Urt. v. 29. 9. 1997 – 20 U 4599/97,
NZM 1998, 437.

183 Dennoch hält das OLG Naumburg in solchen Fällen eine fristlose Kündigung nach § 542 Abs. 1 BGB a. F. für gerechtfertigt.

OLG Naumburg, Urt. v. 16. 12. 1996 – 1 U 175/96,
NZM 1998, 438.

Der Vermieter ist grundsätzlich nicht verpflichtet, den Sicherheitsstandard eines vermieteten Bürogebäudes veränderten Sicherheitserkenntnissen anzupassen. 184

OLG Düsseldorf, Urt. v. 6. 6. 2002 – 10 U 12/01,
NZM 2002, 737 = ZMR 2002, 819.

Nach Auffassung des OLG Hamm genügt zur Annahme eines Sachmangels schon die von einer Schadstoffbelastung ausgehende Gefahrenlage. 185

OLG Hamm, Urt. v. 13. 2. 2002 – 30 U 20/01,
ZfIR 2002, 812 (m. Anm. *Sohn*, S. 818).

Öffentlich-rechtliche Gebrauchshindernisse und Gebrauchsbeschränkungen, die dem vertragsgemäßen Gebrauch entgegenstehen, stellen dann einen Fehler der Mietsache i. S. d. §§ 537 f BGB a. F. = § 536 BGB n. F. dar (einen Sachmangel), wenn sie mit der Beschaffenheit oder Lage der Mietsache zusammenhängen und nicht in persönlichen oder betrieblichen Umständen des Mieters ihre Ursache haben. (Beispiel: Wegen des Zustandes der zum Betrieb einer Gaststätte vermieteten Räume kann eine Gaststättenkonzession nicht erteilt werden.) 186

St. Rspr., zuletzt
BGH, Urt. v. 11. 12. 1991 – XII ZR 63/90,
WM 1992, 583 = ZMR 1992, 239
= NJW-RR 1992, 267;

weitere Beispiele aus der Rechtsprechung bei
Wolf/Eckert/Ball, Rz. 228;
Kraemer, in: Bub/Treier, III B Rz. 1345 f.

In diesem Zusammenhang zu beachten: In einem vom Bundesgerichtshof entschiedenen Fall waren gewerbliche Räume vor ihrer Fertigstellung zum Betrieb eines Lebensmittelmarktes vermietet worden. Öffentlich-rechtliche Gebrauchsbeschränkungen standen an sich nicht entgegen, die Baugenehmigung war erteilt worden. Der vereinbarte Fertigstellungstermin konnte aber nicht eingehalten werden, weil eine Nachbarin gegen die Erteilung der Baugenehmigung wegen von ihr befürchteter Lärm- und Abgasimmissionen Widerspruch erhob und das Oberverwaltungsgericht die aufschiebende Wirkung des Widerspruchs anordnete. Nach erfolgloser Fristsetzung für die Übergabe kündigte die Mieterin fristlos und verlangte Schadensersatz. 187

Der Bundesgerichtshof führt aus, der Umstand alleine, dass ein Nachbar Widerspruch eingelegt und ein Verwaltungsgericht ihm vorläufigen Rechtsschutz gewährt habe, sei nicht vergleichbar mit einem Verstoß gegen maßgebliche gesetzliche Bestimmungen. Deshalb sei es kein Fehler der Mietsache, dass die Räume wegen des Nachbarwiderspruchs auch einige Monate nach dem vereinbarten Termin nicht hätten übergeben werden können. Nur ein rechtswirksames Verbot – nicht schon ein Verfahren, das darauf abziele, ein solches Verbot festzustellen oder auszusprechen – führe zu der Annahme eines Fehlers der Mietsache. 188

189 Ein Sachmangel könne ausnahmsweise dann vorliegen, wenn eine über Jahre hinaus bestehende Ungewissheit über die Wirksamkeit einer behördlichen Verfügung (hier: der Baugenehmigung) die Besorgnis rechtfertige, das Grundstück sei auf Dauer nicht zu dem vereinbarten Gebrauch zu benutzen. Im zu entscheidenden Fall habe die Mieterin die fristlose Kündigung aber schon nach einem Jahr ausgesprochen. Ein solches nur zeitweiliges Gebrauchshindernis könne nicht einer endgültigen Gebrauchsbeschränkung gleichgesetzt werden und löse deshalb auch nicht die Garantiehaftung nach §§ 537, 538 BGB a. F. = §§ 536, 536a BGB n. F. aus.

190 Im Mietrecht könne eine Verzögerung der Gebrauchsüberlassung zur Teilunmöglichkeit führen, wenn die für den Verspätungszeitraum geschuldete Gebrauchsgewährung nicht mehr nachgeholt werden könne. Im zu entscheidenden Fall habe das Mietverhältnis aber erst mit der Übergabe der fertig gestellten Räume beginnen und von diesem Zeitpunkt an (zunächst) 15 Jahre bestehen sollen. Wegen der eingetretenen Verzögerung könne die Mieterin Schadensersatzansprüche nur nach den Regeln des Verzugs geltend machen, die (wenn die Vermieterin keine besondere Einstandspflicht für die Einhaltung des Übergabetermins übernommen habe) Verschulden voraussetzten.

> BGH, Urt. v. 23. 9. 1992 – XII ZR 44/91,
> WM 1993, 172 = ZMR 1993, 7
> = NJW 1992, 3226 = MDR 1992, 1147;
> vgl. auch BGHR BGB § 537 Nachbarwiderspruch 1 und 2.

191 Bei der gewerblichen Zwischenvermietung von Wohnungen zum Zwecke der Weitervermietung muss ein Umstand, der im Verhältnis des Zwischenvermieters zu seinem Mieter als Mangel anzusehen ist, nicht zwingend auch im Verhältnis des Hauptmieters zu dem Zwischenvermieter als Mangel zu bewerten sein (und umgekehrt). Regelmäßig betrifft aber ein die Wohnungstauglichkeit einschränkender Mangel auch das Verhältnis zwischen Hauptvermieter und Zwischenvermieter.

> BGH, Urt. v. 30. 6. 2004 – XII ZR 251/02
> (zur Veröffentlichung vorgesehen).

192 Auch äußere Einflüsse oder Umstände – etwa die Behinderung des beschwerdefreien Zugangs zu einem gemieteten Geschäftslokal, Lärmbelästigungen – können einen Sachmangel des Mietobjekts begründen. Erforderlich ist allerdings, um Ausuferungen des Mangelbegriffs zu vermeiden, eine unmittelbare Beeinträchtigung, eine unmittelbare Einwirkung auf die Gebrauchstauglichkeit der Mietsache. Dagegen sind Umstände, die die Eignung der Mietsache zum vertragsgemäßen Gebrauch nur mittelbar berühren, nicht als Mängel zu qualifizieren.

> BGH, Urt. v. 16. 2. 2000 – XII ZR 279/97,
> ZIP 2000, 887 = NJW 2000, 1714
> = NZM 2000, 492 = ZMR 2000, 508;
> dazu EWiR 2000, 469 (*H.-G. Eckert*).

In einer zur Wohnraummiete ergangenen Entscheidung geht der Bundesgerichtshof ohne weiteres davon aus, dass Lärm aus einer Nachbarwohnung einen Sachmangel darstellt. 193

> BGH, Urt. v. 16. 7. 2003 – VIII ZR 274/02,
> ZIP 2003, 1502 = NZM 2003, 667
> = NJW 2003, 6679;
> dazu EWiR 2004, 51 (*Moeser*).

Die Einrichtung einer verkehrsbereinigten Zone im Innenstadtbereich und ein darauf zurückzuführender Umsatzrückgang in einer Gastwirtschaft führen nicht dazu, dass die zum Betrieb der Gastwirtschaft vermieteten Räume mit einem Mangel behaftet sind. Auch eine Korrektur des Mietvertrages nach den Regeln über den Wegfall der Geschäftsgrundlage scheidet jedenfalls im Regelfall aus. Das Ertragsrisiko fällt in den Risikobereich des Mieters. 194

> OLG Celle, Urt. v. 13. 3. 1996 – 2 U 53/95,
> NJW-RR 1996, 1099;
> dazu EWiR 1996, 975 (*H.-G. Eckert*).

Wird im Zuge von Straßenbauarbeiten der Zugang zu einem vermieteten Ladenlokal behindert, so liegt darin nicht ohne weiteres ein Sachmangel. Der Mieter ist regelmäßig auf landesrechtliche Entschädigungsansprüche zu verweisen, in NRW nach § 20 Abs. 2 NWStrWG. 195

> OLG Düsseldorf, Urt. v. 18. 11. 1997 – 24 U 261/96,
> NZM 1998, 481.

Entsprechende Entschädigungsregeln sind allerdings nicht in allen Bundesländern in den landesrechtlichen Straßen- und Wegegesetzen enthalten.

Das OLG Dresden hat demgegenüber – allerdings in einem extrem gelagerten Fall – entschieden, der Mieter eines Gewerberaummietvertrages sei wegen eines Sachmangels zur fristlosen Kündigung berechtigt, wenn unmittelbar vor seinem an einem zentralen Platz einer Großstadt gelegenen Ladenlokal umfangreiche Bauarbeiten, u. a. Erdaushubarbeiten wegen des Baus einer Tiefgarage, durchgeführt und dann über längere Zeit eingestellt würden mit der Folge, dass der Zugang zu dem Ladenlokal über Jahre hinweg nur über Bretterstege möglich sei. 196

> OLG Dresden, Urt. v. 18. 12. 1998 – 5 U 1774/98,
> ZMR 1999, 241 = NJW-RR 1999, 448
> = NZM 1999, 317.

Nach Ansicht des OLG Düsseldorf stellt es keinen Sachmangel eines vermieteten Ladenlokals dar, wenn der Blick auf die Schaufenster ständig durch ordnungsgemäß parkende Fahrzeuge verstellt wird. Das gelte auch dann, wenn die Fahrzeuge anderen Mietern desselben Vermieters gehörten. Zwar brauche bei der Vermietung von Grundstücken der Fehler nicht unmittelbar dem vermieteten Gebäude anzuhaften, es kämen z. B. auch Störungen durch 197

Nachbarn in Betracht. Der Mieter müsse aber grundsätzlich solche Beeinträchtigungen hinnehmen, die er auch als Eigentümer dulden müsste.

OLG Düsseldorf, Urt. v. 13. 12. 1990 – 10 U 84/90, MDR 1991, 446.

198 Jedenfalls die Begründung dieser Entscheidung überzeugt nicht: Sind die gemieteten Räume kalt, weil die Fernheizung ausgefallen ist, liegt ein zur Mietminderung berechtigender Sachmangel vor, obwohl auch der Eigentümer frieren müsste.

199 Der Bundesgerichtshof hat grundsätzlich zu der Rechtsposition eines Mieters Stellung genommen, der ein Ladenlokal in einem (oft erst noch zu erstellenden) Einkaufszentrum gemietet hat, das von den Kunden nicht in der erwarteten Weise angenommen wird. Die Vollvermietung eines Einkaufszentrums stellt keinen Umstand dar, der dem Mietobjekt – auf Dauer – als „Eigenschaft" – anhaftet und kann deshalb von vornherein nicht „zugesichert" werden i. S. d. § 536 Abs. 2 BGB n. F = § 537 Abs. 2 BGB a. F. Eine solche „Zusicherung" erfordert außerdem eine bindende Erklärung, die Gewähr für das Vorhandensein bestimmter Eigenschaften zu übernehmen und für die Folgen ihres Fehlens einzustehen. Allgemeine Beschreibungen oder auch Anpreisungen der Mietsache genügen nicht.

200 Ist eine entsprechende Fallkonstellation deshalb nicht nach den Gewährleistungsregeln des Mietrechts zu beurteilen (oder auch, weil das Ladenlokal noch nicht übergeben ist), kann grundsätzlich Wegfall der Geschäftsgrundlage (§ 313 BGB n. F.: „Störung der Geschäftsgrundlage") in Betracht kommen. Die danach erforderliche Anpassung an die veränderten Verhältnisse kann ausnahmsweise auch ein Recht zur Kündigung begründen (§ 313 Abs. 3 Satz 2 BGB n. F.). Störungen der Geschäftsgrundlage liegen aber nicht vor aufgrund von Umständen, die nach dem Vertrag in den Risikobereich einer Partei fallen (§ 313 Abs. 1 BGB n. F.). Zu dem Verwendungsrisiko, das grundsätzlich der Mieter zu tragen hat, gehört das Risiko, mit dem gemieteten Objekt Gewinne erzielen zu können. Daran ändert sich nichts, wenn das Mietobjekt in einem Einkaufszentrum liegt. Eine vertragliche Verlagerung dieses Risikos auf den Vermieter ist zwar möglich, setzt aber konkrete Anhaltspunkte dafür voraus, dass der Vermieter ein solches unternehmerisches Risiko übernommen hat. Es reicht dazu nicht aus, dass der Mieter zusätzliche Vertragspflichten übernommen hat, die im Gesamtinteresse der Mietergemeinschaft liegen (z. B.: Beteiligung an einer Werbegemeinschaft).

201 Greifen die Gewährleistungsregeln nicht ein, kommen u. U. Ansprüche des Mieters aus Verschulden beim Vertragsschluss (§ 311 Abs. 2 BGB n. F.: „Schuldverhältnis mit Pflichten ... durch die Aufnahme von Vertragsverhandlungen") in Betracht, wenn der Vermieter vorvertragliche Pflichten verletzt hat, z. B. indem er unter Verletzung einer vorvertraglichen Aufklärungspflicht Informationen zurückgehalten oder falsche Informationen er-

teilt hat zu Dingen, die keine zusicherungsfähige Eigenschaft des Mietobjekts betreffen. Ein schuldhaftes Verhalten vor Vertragsschluss kann im Einzelfall ausnahmsweise auch zur Kündigung des Mietvertrages berechtigen.

> St. Rspr., begründet von
> BGH, Urt. v. 16. 2. 2000 – XII ZR 279/97,
> ZIP 2000, 887 = NJW 2000, 1714
> = NZM 2000, 492 = ZMR 2000, 508;
> dazu EWiR 2000, 469 (*H.-G. Eckert*);
>
> zuletzt BGH, Urt. v. 26. 5. 2004 – XII ZR 149/02
> (zur Veröffentlichung vorgesehen).

Auch in diesem Zusammenhang reichen allgemeine Anpreisungen nicht aus. 202
Der Vermieter darf jedoch Fragen seines Verhandlungspartners, die für den Abschluss des Mietvertrages von Bedeutung sind, nicht wahrheitswidrig beantworten. Und er darf zu Umständen, die für den Vertragspartner erkennbar von Bedeutung sind, keine konkreten Behauptungen aufstellen, die nicht der Wahrheit entsprechen (z. B.: Aldi und der Drogeriemarkt hätten schon fest und langfristig abgeschlossen).

In dem vom Bundesgerichtshof mit Urteil vom 26. Mai 2004 entschiedenen 203
Fall hieß es in einer „Präambel" zum Mietvertrag, das Einkaufszentrum, in dem der Mieter ein Ladenlokal anmietete zum Betrieb eines Schuhmarktes, „bestehe" aus einem Baumarkt mit Gartencenter von mindestens 5000 qm, einem Lebensmittelmarkt von ca. 1000 qm und einem weiteren Fachmarkt von ebenfalls ca. 1000 qm. Diese Angaben waren bei Abschluss des Mietvertrages zutreffend, das Einkaufszentrum war voll vermietet. Als sich dies nach Jahren änderte, forderte der Mieter den Vermieter mit Fristsetzung erfolglos auf, den ursprünglichen Belegungszustand wiederherzustellen, und kündigte dann fristlos.

Das Berufungsgericht hat ausgeführt, die Angaben in der Präambel beträfen 204
bei sachgerechter Auslegung nur den Zustand bei Abschluss des Vertrages und seien deshalb zutreffend. Man könne aus der Präambel nicht herleiten, dass eine Vollvermietung auf Dauer vereinbart worden sei und dass der Vermieter auf diese Weise einen Teil des Unternehmerrisikos übernommen hätte.

Der Bundesgerichtshof führt aus, diese Auslegung durch den Tatrichter sei 205
revisionsrechtlich nicht zu beanstanden.

> Vgl. hierzu auch
> OLG Rostock, Urt. v. 3. 2. 2003 – 3 U 116/02,
> NZM 2003, 28(n. rkr., Az. des BGH: XII ZR 66/03).

Wenn keine besonderen Umstände hinzukommen, kann ein Mangel der 206
Mietsache oder ein Wegfall der Geschäftsgrundlage (§ 313 BGB n. F.) nicht daraus hergeleitet werden, dass das ursprüngliche Vermieterkonzept, neben

dem in einem Einkaufszentrum zum Betrieb einer Apotheke vermieteten Ladenlokal einen Lebensmittelmarkt einzurichten, aufgegeben worden ist.

> OLG München, Urt. v. 26. 8. 1994 – 21 U 3556/93,
> ZMR 1996, 256 (der BGH hat die Revision gegen
> dieses Urteil nicht angenommen: Beschl. v. 31. 1. 1996
> – XII ZR 222/94).

207 Unrichtige Angaben über den Umsatz oder die Erträge eines Unternehmens, die beim Abschluss eines Miet- oder Pachtvertrages gemacht werden, stellen nicht ohne weiteres die Zusicherung einer Eigenschaft dar. Anders nur, wenn der Vermieter/Verpächter eine besondere Einstandspflicht für die Richtigkeit der Angaben übernommen hat.

208 Aus ihnen lässt sich auch kein Sachmangel herleiten. Es kommt jedoch u. U. eine Haftung aus Verschulden beim Vertragsschluss (§ 311 Abs. 2 i. V. m. § 241 Abs. 2 BGB n. F.) in Betracht, aus dem sich zugleich ein Recht zur fristlosen Kündigung nach § 554a BGB a. F. (= § 543 n. F.) ergeben kann, wenn die Fortsetzung des Mietverhältnisses für den Mieter unzumutbar ist.

> BGH, Urt. v. 16. 4. 1997 – XII ZR 103/95,
> NJWE-MietR 1997, 150;
> vgl. auch BGHR BGB § 537 Bruttoumsatz 1.

209 Im Gaststättengewerbe ist branchenüblich davon auszugehen, dass in den angegebenen Umsatzzahlen die Mehrwertsteuer enthalten ist.

> BGH, Urt. v. 16. 4. 1997 – XII ZR 103/95,
> NJWE-MietR 1997, 150;
> vgl. auch BGHR BGB § 537 Bruttoumsatz 1.

210 Störungen des Mietverhältnisses, die nach Übergabe auf einem vertragswidrigen Zustand der vermieteten Sache (einem Sachmangel) beruhen, sind ausschließlich nach den Bestimmungen des Mietrechts zu beurteilen. Eine Anpassung des Vertragsverhältnisses an die bestehende Situation nach den Regeln über den Wegfall (oder die Störung, § 313 BGB n. F.) der Geschäftsgrundlage scheidet daneben aus.

> BGH, Urt. v. 11. 12. 1991 – XII ZR 63/90,
> WM 1992, 583 = ZMR 1992, 239
> = NJW-RR 1992, 267.

211 Hat der Vermieter bei den Vertragsverhandlungen unrichtige Angaben ausschließlich über die Beschaffenheit der Mietsache gemacht, schließen die Gewährleistungsregeln des Mietrechts Schadensersatzansprüche des Mieters aus culpa in contrahendo (§ 311 Abs. 2 i. V. m. § 241 Abs. 2 BGB n. F.) aus, wenn der Vermieter lediglich fahrlässig gehandelt hat. Gegen den mit Arglist handelnden Vermieter kann der Mieter dagegen aus culpa in contrahendo Ersatz des – nicht auf das Erfüllungsinteresse beschränkten – Vertrauensschadens geltend machen.

BGH, Urt. v. 18. 6. 1997 – XII ZR 192/95,
BGHZ 136, 102 = ZIP 1997, 1594
= ZfIR 1997, 523;
dazu EWiR 1997, 971 (*Sternel*).

Dieser Anspruch kann – jedenfalls nach altem Recht – insbesondere dann Bedeutung gewinnen, wenn der Schaden in nutzlos gemachten Aufwendungen besteht und diese im Rahmen des Schadensersatzanspruchs nach § 538 Abs. 1 BGB a. F. nicht zu ersetzen sind, weil die so genannte Rentabilitätsvermutung widerlegt ist (vgl. hierzu oben Rz. 164 f). Ob sich daran durch § 284 BGB n. F. („Ersatz vergeblicher Aufwendungen") etwas ändert, ist nicht geklärt. 212

Nach den Regeln über das Verschulden bei Vertragsschluss kann ausnahmsweise das Interesse des Geschädigten an der Erfüllung eines nicht zustande gekommenen Vertrages zu ersetzen sein, wenn im Einzelfall feststeht, dass die Vertragspartner ohne das schuldhafte Verhalten statt des abgeschlossenen Vertrages einen anderen, für den Geschädigten günstigeren Vertrag abgeschlossen hätten. 213

BGH, Urt. v. 24. 6. 1998 – XII ZR 126/96,
NJW 1998, 2900.

Liegt ein Sachmangel vor, der die Gebrauchstauglichkeit der vermieteten Sache herabsetzt oder aufhebt, tritt eine Minderung des Mietzinses kraft Gesetzes ein, ohne dass der Mieter das Minderungsrecht geltend machen muss. Daraus ergibt sich nach Ansicht des Bundesgerichtshofs für die Darlegungslast des Mieters: Er braucht nur Tatsachen vorzutragen, aus denen sich die Beeinträchtigung der Sache zum vertragsgemäßen Gebrauch ergibt, dagegen muss er nicht das „Maß der Beeinträchtigung" darlegen. Liegt ein Sachmangel vor, so ist der Umfang der Gebrauchsbeeinträchtigung, wenn er sich nicht von selbst ergibt, durch einen Sachverständigen zu klären. 214

BGH, Urt. v. 27. 2. 1991 – XII ZR 47/90,
WM 1991, 1006 = NJW-RR 1991, 779;
dazu EWiR 1991, 1177 (*Teubner*).

Das bedeutet aber wohl nur, dass der Mieter den Prozentsatz der Minderung nicht selbst schätzen und vortragen muss. Für Tatsachen, aus denen sich das Ausmaß der Beeinträchtigung ergibt, muss er darlegungspflichtig bleiben. Er kann sich z. B. nicht damit begnügen vorzutragen, das Dach sei undicht. Er muss darlegen, welche Auswirkungen diese Undichtigkeit auf den Mietgebrauch hat, z. B. dass es im Ladenlokal an verschiedenen Stellen von der Decke tropft. 215

Nach § 536 Abs. 1 Satz 3 BGB n. F. (= § 537 Abs, Satz 2 BGB a. F.) bleibt eine unerhebliche Minderung der Tauglichkeit außer Betracht, d. h., die Miete ist nicht zu mindern. Als unerheblich in diesem Sinne ist ein Mangel insbesondere dann anzusehen, wenn er leicht erkennbar ist und schnell mit 216 geringen Kosten beseitigt werden kann, so dass das Geltendmachen einer Minderung gegen Treu und Glauben verstieße.

BGH, Urt. v. 30. 6. 2004 – XII ZR 251/02
(zur Veröffentlichung vorgesehen).

3. Rechtsmängelhaftung

217 § 541 BGB a. F. ordnete an, dass auf Rechtsmängel die Regelungen der Sachmängelhaftung (§§ 537, 538, 539 Satz 1 und 540 BGB a. F.) entsprechend anzuwenden seien. § 536 Abs. 3 n. F. übernimmt im Grundsatz diese Regelung. Neu ist, dass nach neuem Recht § 536b BGB n. F. (= § 539 BGB a. F.) uneingeschränkt auch auf Rechtsmängel anwendbar ist mit der Folge, dass nun – im Gegensatz zum alten Recht, das in § 541 BGB a. F. keine Verweisung auf § 539 **Satz 2** BGB a. F. enthielt – auch grob fahrlässige Unkenntnis von einem Rechtsmangel schadet (nach altem Recht nur positive Kenntnis).

218 Ein Rechtsmangel hinsichtlich der Mietsache liegt vor, wenn ein Dritter ein Recht am Mietgegenstand oder auf den Mietgegenstand hat und der Vermieter wegen dieses Rechts des Dritten dem Mieter den vertragsgemäßen Gebrauch der Mietsache nicht oder nur zum Teil gewähren kann. Gleiches gilt, wenn der besser berechtigte Dritte dem Mieter den Gebrauch der Mietsache ganz oder teilweise entzieht.

219 Rechte Dritter in diesem Sinne sind nur Privatrechte (nicht: öffentliche Rechte),

BGH, Urt. v. 26. 4. 1991 – V ZR 53/90,
BGHZ 114, 227 = WM 1991, 1807
= NJW 1991, 3280,

z. B. Eigentum, Nießbrauch oder eine beschränkt persönliche Dienstbarkeit. Auch bei der mehrfachen Vermietung derselben Sache an verschiedene Mieter („Doppelvermietung“) entsteht ein Rechtsmangel, wenn der Vermieter die Sache dem einen Mieter nicht übergeben kann, weil der andere sie hat und zu Recht nicht herausgibt.

220 Dass ein solches Recht des Dritten besteht, reicht für sich allein zur Annahme eines Rechtsmangels nicht aus. Ein Rechtsmangel liegt erst vor, wenn sich das Recht des Dritten für den Mieter als Gebrauchshinderung auswirkt. Dazu kann die Androhung des Rechtsinhabers, sein Recht geltend zu machen, genügen.

St. Rspr., zuletzt
BGH, Urt. v. 18. 1. 1995 – XII ZR 30/93,
ZMR 1995, 480 = NJW-RR 1995, 715 m. w. N.

221 In einem vom Bundesgerichtshof entschiedenen Fall wollte der Mieter eines Hausgrundstücks, der nach dem Mietvertrag dort ein Spielcasino betreiben

durfte, nur eine geminderte Miete zahlen, weil zugunsten der Stadt W. eine beschränkt persönliche Dienstbarkeit eingetragen war, die die Stadt (theoretisch) in die Lage versetzt hätte, auf privatrechtlichem Wege den Betrieb eines Spielcasinos auf dem Mietgrundstück zu verhindern. Der Bundesgerichtshof verneint einen Rechtsmangel. Eine Gebrauchshinderung sei noch nicht eingetreten, weil die Stadt W. nicht einmal angedroht habe, von ihrer dinglichen Rechtsposition Gebrauch zu machen.

BGH, Urt. v. 2. 11. 1988 – VIII ZR 7/88,
WM 1989, 153 = NJW-RR 1989, 77.

Der Bundesgerichtshof hat einen Rechtsmangel bejaht, wenn im Sonderei- 222
gentum des Vermieters stehende Räume, die zum Betrieb einer Gaststätte vermietet sind und von ihrer Beschaffenheit her diese Nutzung auch zuließen, nach der Teilungserklärung nicht als Gaststätte genutzt werden dürfen, und wenn die anderen Wohnungseigentümer deshalb gegen den Mieter einen Beseitigungsanspruch nach § 1004 BGB geltend machen können und auch geltend machen.

BGH, Urt. v. 18. 1. 1995 – XII ZR 30/93,
ZMR 1995, 480 = NJW-RR 1995, 715.

Bei der Vermietung von Teileigentum liegt es grundsätzlich im Risikobe- 223
reich des Vermieters, dass die Vermietung mit der Gemeinschaftsordnung vereinbar ist. Deshalb kann er sich in der Regel auch nicht durch Kündigung aus wichtigem Grund von dem Mietverhältnis lösen mit der Begründung, die Vermietung sei ihm gemäß § 15 Abs. 3 WEG untersagt worden.

BGH, Urt. v. 29. 11. 1995 – XII ZR 230/94,
WM 1996, 355 = ZMR 1996, 147
= NJW 1996, 714.

Sind Räume in einer Wohnungseigentumsanlage zum Betrieb einer Arzt- 224
praxis vermietet worden und hat ein anderer Eigentümer eine Gerichtsentscheidung herbeigeführt, dass diese Nutzung gegen die Teilungserklärung verstößt, kommt eine Schadensersatzverpflichtung des Vermieters in Betracht.

OLG Düsseldorf, Urt. v. 8. 7. 1998 – 10 U 159/97,
ZMR 1999, 24 (n. rkr.).

Aus dem Umstand, dass nach altem Recht (§§ 541, 539 Satz 1 BGB a. F.) 225
bei Rechtsmängeln grob fahrlässige Unkenntnis nicht schadet, hat die Rechtsprechung gefolgert, dass die Kenntnis der einen Rechtsmangel begründenden Tatsachen nicht ausreicht, dass der Mieter vielmehr auch die rechtlichen Folgen der ihm bekannten Tatsachen kennen muss.

BGH, Urt. v. 4. 10. 1995 – XII ZR 215/94,
WM 1995, 2195 = ZMR 1996, 15
= NJW 1996, 46, m. w. N.;
dazu EWiR 1996, 159 (*Sternel*).

226 Der Bundesgerichtshof hat klargestellt, wann im Sinne dieser Rechtsprechung Kenntnis von den rechtlichen Folgen angenommen werden kann. Kenntnis habe der Mieter nicht schon dann, wenn er wisse, dass einem Dritten ein Recht an der Sache zustehe, das generell geeignet sein könne, den vertragsgemäßen Gebrauch der Mietsache zu stören. Er müsse sich vielmehr darüber im Klaren sein, dass der Dritte sein Recht möglicherweise geltend machen werde, und er müsse das Risiko, das damit für ihn verbunden sei, bewusst in Kauf nehmen. Das sei z. B. nicht der Fall, wenn ein Untermieter bei Abschluss des Untermietvertrages zwar wisse, dass die Erlaubnis des Hauptvermieters zur Untervermietung erforderlich und noch nicht erteilt sei, wenn er aber damit rechne, dass der Untervermieter sie nachträglich einholen werde oder wenn beide Parteien übereinstimmend davon ausgingen, der Hauptvermieter werde aus der unberechtigten Untervermietung keine Rechte herleiten.

> BGH, Urt. v. 4. 10. 1995 -XII ZR 215/94,
> WM 1995, 2195 = ZMR 1996, 15
> = NJW 1996, 46, m. w. N.;
> dazu EWiR 1996, 651 (*Sternel*).

227 Ob diese Rechtsprechung uneingeschränkt aufrechtzuerhalten ist, nachdem nach neuem Recht auch grob fahrlässige Unkenntnis von einem Rechtsmangel schadet, erscheint fraglich.

4. Verlust der Gewährleistungsrechte wegen vorbehaltsloser Mietzahlung trotz Kenntnis des Mangels

228 Nach § 539 BGB a. F. konnte der Mieter bestimmte Gewährleistungsrechte (Minderung, Schadensersatz nach § 538 BGB a. F., fristlose Kündigung nach §§ 542, 543 BGB a. F.) – jedenfalls regelmäßig – nicht geltend machen wegen eines Mangels, der ihm bei Abschluss des Mietvertrages oder Übergabe der Mietsache bekannt oder aufgrund grober Fahrlässigkeit unbekannt war. Die Rechtsprechung hat diese Vorschrift analog angewandt, wenn nach der Behauptung des Mieters während der Mietzeit Mängel aufgetreten waren, der Mieter danach die Miete aber über einen längeren Zeitraum rügelos weitergezahlt hat.

229 Diese Rechtsprechung ist begründet worden vom Reichsgericht,

> RG, Urt. v. 15. 6. 1936, JW 1936, 2706 m. N.
> und zustimmender Anm. *Roquette*,

das ausgeführt hat, im direkten Anwendungsfall des § 539 BGB a. F. könne der Mieter Gewährleistungsrechte nicht mehr geltend machen, weil er sich mit dem Zustand der Mietsache „zufrieden gegeben und einverstanden erklärt“ habe. Es sei nicht anders, wenn der Mieter Kenntnis von dem Mangel erst später erlangt und den Vertrag dann dennoch über einen längeren Zeitraum fortgesetzt habe.

Dieser Rechtsprechung des Reichsgerichts sind der Bundesgerichtshof und alle deutschen Oberlandesgerichte gefolgt, sie wurde ca. 65 Jahre lang unangefochten praktiziert. Für die gerichtliche Praxis war diese analoge Anwendung des § 539 BGB a. F. wichtiger als die direkte Anwendung der Vorschrift. 230

Der deutsche Mietgerichtstag e. V. hat im Rahmen der Vorbereitung der Mietrechtsreform in seiner Stellungnahme zu dem Referentenentwurf den Gesetzgeber aufgefordert, durch eine gesetzliche Regelung die bisher praktizierte Analogie auszuschließen. 231

MDR Beil. H. 11/2000, S. 4

Dem ist der Regierungsentwurf zwar nicht gefolgt. Er hat vielmehr § 539 BGB a. F. inhaltsgleich als § 536b BGB n. F. übernommen und so ist die Bestimmung auch Gesetz geworden. Dass die geringfügigen Änderungen in der Formulierung der Vorschrift Bedeutung haben könnten für eine geänderte Auslegung, wird – zu Recht – von niemandem geltend gemacht. 232

In der Begründung des Regierungsentwurfs heißt es jedoch, eine gesetzliche Regelung der bisher in Analogie zu dieser Vorschrift behandelten Fälle sei nicht notwendig, weil diese Analogie ohnehin falsch gewesen sei und in Zukunft nicht mehr stattfinden dürfe. 233

Dass der Regierungsentwurf seine Intention nicht in den Gesetzeswortlaut aufgenommen hat, befremdet. Ebenso befremdet, dass das Justizministerium sich für befugt hält, darüber zu entscheiden, ob die im Wege der Auslegung einer Norm gefundene Rechtsprechung des Reichsgerichts, des Bundesgerichtshofs und aller Oberlandesgerichte richtig oder falsch ist. Im Ergebnis will das Justizministerium die Gerichte anweisen, eine inhaltlich unverändert weiter geltende Norm in Zukunft anders auszulegen. 234

Wie nicht anders zu erwarten war, hat die Begründung des Regierungsentwurfs in der Literatur die Diskussion ausgelöst, ob gleichwohl die bisherige Praxis beizubehalten ist. 235

Dazu *Blank/Börstinghaus*, § 536c Rz. 8;
Eckert, NZM 2001, 409;
Eisenschmid, WuM 2001, 215;
Herrlein/Kandelhard-*Kandelhard*, § 536c Rz. 13;
Hinz/Ormanschick/Riecke/Scheff, § 3 Rz. 25 ff;
Langenberg, NZM 2001, 212, 213;
Wichert, ZMR 2001, 262.

Jedenfalls drei Oberlandesgerichte haben sich für die Beibehaltung der bisherigen Rechtsprechung ausgesprochen, 236

OLG Celle, Urt. v. 15. 5. 2002 – 2 U 252/01´,
ZMR 2002, 657;

OLG Naumburg, Urt. v. 27. 11. 2001 – 9 U 1860/01,
NZM 2002, 251 = ZMR 2003, 346
= NJW 2002, 1132;

OLG Dresden, Urt. v. 18. 6. 2002 – 5 U 260/02,
NZM 2002, 662 = ZMR 2003, 346;

ebenso *Eckert*, NZM 2001, 409, 412;
Timme, NJW 2003, 3099,

das Oberlandesgericht Celle ausdrücklich für die gewerbliche Miete.

237 Der für die Wohnraummiete zuständige VIII. Senat des Bundesgerichtshofs hat nun entschieden, dass in solchen Fällen für die Zeit bis zum Inkrafttreten des neuen Rechts Gewährleistungsansprüche analog § 539 BGB a. F. ausgeschlossen bleiben, für die Zeit danach ein Ausschluss analog der neuen Bestimmung (§ 536b BGB n. F.) dagegen nicht mehr stattfindet.

BGH, Urt. v. 16. 7. 2003 – VIII ZR 274/02,
BGHZ 155, 380 = ZIP 2003, 1502
= NZM 2003, 667 = NJW 2003, 679;
dazu EWiR 2004, 51 (*Moeser*);

kritisch zu dieser Entscheidung:
Gerber, NZM 2003, 825 m. N. und
Timme, NJW 2003, 3099.

238 Die Entscheidung ist ausdrücklich zur Wohnraummiete ergangen, stützt sich aber in den entscheidenden Passagen der Begründung wohl nicht auf Besonderheiten des Wohnungsmietrechts. Dennoch bleibt abzuwarten, ob der für die gewerbliche Miete zuständige XII. Senat des Bundesgerichtshofs der Entscheidung auch für die gewerbliche Miete folgt, ob er für die gewerbliche Miete anders entscheidet oder ob er den Großen Senat anruft.

V. Aufwendungen des Mieters auf die Mietsache

§ 536a Abs. 2 Nr. 1 BGB n. F. übernimmt inhaltlich § 538 Abs. 2 BGB a. F., § 536 Abs. 2 Nr. 2 n. F. entspricht § 547 Abs. 1 Satz 1 BGB, wobei die Neuregelung den Begriff der Notwendigkeit schärfer als zuvor auf Notmaßnahmen beschränkt. Der Aufwendungsersatzanspruch des Mieters ist auf zwei Fälle beschränkt: 239

- Verzug des Vermieters mit der Mangelbeseitigung und
- Notmaßnahmen des Mieters.

Notmaßnahmen sind nur solche, die zur Abwendung einer der Mietsache drohenden Gefahr oder zu ihrer Erhaltung unerlässlich sind. Aufwendungen, die dazu dienen, einen Sachmangel zu beseitigen oder die Mietsache in den vertragsmäßigen Zustand zu versetzen, sind daher in der Regel nicht notwendig. 240

> BGH, Urt. v. 13. 2. 1974 – VIII ZR 233/72, NJW 1974, 743;
>
> BGH, Urt. v. 6. 7. 1990 – LwZR 8/89, ZIP 1990, 1485 = NJW-RR 1993, 522; dazu EWiR 1990, 1189 (*H.-G. Eckert*);
>
> BGH, Urt. v. 20. 1. 1993 – VIII ZR 22/92, NJW-RR 1993, 522 = WM 1993, 797.

§ 536a Abs. 2 BGB n. F. umschreibt die Ansprüche des Mieters nicht abschließend. Nach § 539 Abs. 1 BGB n. F. kann der Mieter Ersatz der auf die Mietsache gemachten Aufwendungen, die der Vermieter nicht gemäß § 536a Abs. 2 BGB zu vergüten hat, nach den Vorschriften über die Geschäftsführung ohne Auftrag verlangen. Diese Bestimmung entspricht dem früheren § 547 Abs. 2 BGB; es handelt sich hierbei um eine Rechtsgrundverweisung. Die Neuregelung belässt dem Mieter, der einen Sachmangel ohne besondere Dringlichkeit (§ 536a Abs. 2 BGB n. F.) und vorherige Abhilfeaufforderung beseitigt, einen Aufwendungsersatzanspruch. Mit der Neuordnung des allgemeinen Schuldrechts, das in § 281 BGB n. F. den Schuldner insofern schützt, als es dem Gläubiger aufgibt, ihm eine angemessene Frist zur Leistung zu setzen, steht dies nicht in Einklang (vgl. zum Werkvertrag § 637 BGB n. F.). 241

Das grundsätzliche Anliegen des § 536a Abs. 2 BGB sollte nicht durch eine großzügige Zuerkennung von Ansprüchen wegen Geschäftsführung ohne Auftrag unterlaufen werden. Um den Vermieter vor allzu hohen Ersatzforderungen zu schützen, ist eine restriktive Anwendung des § 683 BGB geboten. Jedenfalls besteht keine Vermutung für einen Fremdgeschäftsführungswillen des Mieters. Bei einem langfristigen oder nach der Vorstellung des Mieters auf längere Zeit angelegten Mietverhältnis geht der Mieter in aller Regel davon aus, dass die Maßnahmen nur ihm zugute kommen (so die Begründung des Regierungsentwurfs). Der Mieter wird vielfach zur Zeit der Verwendung nicht die Absicht haben, vom Vermieter Ersatz zu verlangen 242

(§ 685 BGB). Dies ist insbesondere dann anzunehmen, wenn er während des laufenden Mietverhältnisses den Vermieter nicht einmal von seinen Maßnahmen unterrichtet und erst geraume Zeit nach Abschluss der Verwendungen bei Abwicklung des beendeten Mietverhältnisses seine Ansprüche anmeldet.

Vgl. BGH, Urt. v. 10. 10. 1984 – VIII ZR 152/83,
NJW 1985, 3139.

243 Wenn Ansprüche wegen Geschäftsführung ohne Auftrag scheitern, kann der Vermieter infolge einer Aufwendung des Mieters, die ihm nach Rückgabe des Mietobjekts zugute kommt, „in sonstiger Weise" gemäß § 812 BGB ungerechtfertigt bereichert sein. Die Bereicherung besteht nicht in dem Zeitwert der Aufwendungen bei Rückgabe des Mietobjekts, sondern nur in der Erhöhung des Ertragswerts des Grundstücks.

BGH, Urt. v. 22. 5. 1967 – VIII ZR 25/65,
NJW 1967, 2255;

BGH, Urt. v. 4. 4. 1990 – VIII ZR 71/89,
NJW 1990, 1789;
dazu EWiR 1990, 1081 (*Reuter*);

BGH, Urt. v. 20. 1. 1993 – VIII ZR 22/92,
NJW-RR 1993, 522.

VI. Betriebspflicht des Mieters/Pächters

Der Mietwert von Räumen oder Grundstücken, die zum Betrieb einer Gaststätte, einer Apotheke, einer Tankstelle, eines Einzelhandelsgeschäfts oder einer Arztpraxis bestimmt sind, sinkt bei Leerstand. Auch besteht ein Anreiz für die Ansiedlung eines gleichartigen Betriebes in der Nachbarschaft. Gleichwohl ist eine Betriebspflicht des Mieters oder Pächters nicht vertragsimmanent, sondern bedarf einer ausdrücklichen Vereinbarung. In Ausnahmefällen kann sich eine Betriebspflicht aus den Umständen des Einzelfalles ergeben. Insoweit ist die Rechtsprechung allerdings sehr zurückhaltend. Das evidente Interesse des Vermieters an der stetigen Nutzung der überlassenen Räume genügt nicht. 244

RGZ 136, 433;
RGZ 138, 192;
RGZ 138, 203;

ferner eingehend *Michalski*, ZMR 1996, 527.

Aus der Vereinbarung eines umsatzabhängigen Miet- oder Pachtzinses lässt sich eine Betriebspflicht nicht einmal dann herleiten, wenn ohne Grundmietzins ausschließlich eine Umsatzbeteiligung vereinbart wurde. 245

BGH, Urt. v. 4. 4. 1979 – VIII ZR 118/78
NJW 1979, 2531.

Auch bei Vermietung von Ladenlokalen in einem Einkaufszentrum ist der Mieter ohne ausdrückliche Vereinbarung nicht zum Betreiben seines Geschäftes verpflichtet. 246

OLG Düsseldorf, Urt. v. 13. 8. 1991 – 24 U 274/90,
EWiR 1991, 881 (*H.-G. Eckert*);

LG Lübeck, Urt. v. 20. 2. 1992 – 14 S 11/92,
NJW-RR 1993, 78.

Demgegenüber tritt das LG Hannover, 247

LG Hannover, Urt. v. 9. 10. 1992 – 8 S 146/92,
ZMR 1993, 280,

für eine immanente Betriebspflicht des Mieters ein, wenn das Geschäft nach den übereinstimmenden Parteien das Kernstück („Anker“ oder „Zugpferd“) des Einkaufszentrums bilden soll.

Wegen des starken, für den Mieter erkennbaren Interesses des Vermieters an der Nutzung des Mietobjekts bestehen keine Bedenken, sie in einem Formularvertrag auszubedingen. 248

BGH, Urt. v. 29. 4. 1992 – XII ZR 221/90,
NJW-RR 1992, 1032;

OLG Düsseldorf, Beschl. v. 24. 9. 1998 – 10 W 93/98,
NZM 1999, 124 = ZMR 1999, 171;

OLG Düsseldorf, Beschl. v. 17. 8. 2000 – 24 W 49/00, NZM 2001, 131.

249 Auch bei Zusammentreffen mit einem formularmäßigen Ausschluss des Konkurrenzschutzes benachteiligt die Betriebspflicht den Mieter nicht unangemessen.

OLG Hamburg, Urt. v. 3. 4. 2002 – 4 U 236/01, ZMR 2003, 254;

OLG Rostock, Urt. v. 8. 3. 2004 – 3 U 118/03, NZM 2004, 460 (n. rkr., Az. des BGH: XII ZR 60/04).

250 Bedenken bestehen gegen die Vorbehalte des OLG Schleswig gegen die formularmäßige Kombination der Betriebspflicht mit einer Sortimentsbindung und dem Ausschluss des Konkurrenzschutzes.

OLG Schleswig, Beschl. v. 2. 8. 1999 – 4 W 24/99, NZM 2000, 1008.

251 Eine unangemessene Benachteiligung des Mieters ist auch dann auszuschließen, wenn sich die Fortführung des Geschäftsbetriebes als unrentabel erweist. Die Rentabilität eines in gemieteten Räumen betriebenen Geschäfts oder Unternehmens fällt nämlich allein in seinen Risikobereich. Dies gilt auch, wenn der Mieter aus gesundheitlichen Gründen an der Betriebsfortführung gehindert ist; in diesem Fall muss er sich zur Betriebsfortführung der Hilfe eines Dritten bedienen.

OLG Düsseldorf, Urt. v. 18. 12. 2003 – I-10 U 69/03, ZMR 2004, 508.

252 Bei Verletzung der Betriebspflicht kann der Vermieter das Mietverhältnis nach vorheriger Abmahnung wegen vertragswidrigen Gebrauchs gemäß § 543 Abs. 1 BGB n. F. fristlos kündigen Dies wird den Mieter wenig treffen, denn mit Wegfall der beiderseitigen Vertragspflichten entfällt seine Betriebspflicht, selbst wenn er sich mit der Räumung und Rückgabe des Mietobjekts in Verzug befindet.

OLG Düsseldorf, Beschl. v. 17. 8. 2000 – 24 W 49/00, NZM 2001, 131.

253 Seinen Anspruch auf Betriebsfortführung kann der Vermieter durch eine einstweiligen Verfügung durchsetzen.

OLG Düsseldorf, Beschl. v. 24. 9. 1998 – 10 W 93/98, NZM 1999, 124 = ZMR 1999, 171.

254 Die Probleme der Zwangsvollstreckung eines auf Betriebsfortführung erkennenden Titels schildern anschaulich die Entscheidungen der Oberlandesgerichte:

OLG Hamm, Beschl. v. 10. 10. 1972 – 14 W 72/72, NJW 1973, 1135;

OLG Celle, Beschl. v. 2. 1. 1996 – 2 W 80/95,
NJW-RR 1996, 585;

OLG Düsseldorf, Urt. v. 9. 1. 1997 – 24 U 94/94,
NJW-RR 1997, 648;

OLG Naumburg, Beschl. v. 21. 11. 1997 – 2 W 14/97,
NZM 1998, 575.

VII. Beschädigung und Zerstörung der Mietsache

1. Haftung des Mieters

a) Pflichtverletzung des Mieters

Der Mieter ist verpflichtet, die Mietsache schonend zu gebrauchen und dafür zu sorgen, dass es nicht zu Schäden kommt, die nicht eine zwangsläufige Folge des Gebrauchs der Mietsache sind. 255

Der Mieter haftet auf Schadensersatz, wenn er (oder sein Erfüllungsgehilfe) die Grenzen des ihm zustehenden vertragsgemäßen Gebrauchs (§ 538 BGB n. F. = § 548 BGB a. F.) überschreitet und durch eine Verletzung seiner Obhutspflicht eine Verschlechterung der Mietsache verursacht. 256

St. Rspr., vgl.
BGH, Urt. v. 29. 1. 1991 – XII ZR 124/90,
NJW-RR 1992, 714.

Der neue Grundtatbestand der vertraglichen Haftung, die Verletzung einer Pflicht aus dem Schuldverhältnis (§ 280 BGB Abs. 1 n. F.), erfasst sowohl die Verletzung einer Hauptpflicht als auch die bisherige positive Vertragsverletzung. Schadensersatz statt der Leistung kann der Gläubiger nach § 280 Abs. 3 i. V. m. § 281 Abs. 1 Satz 1 BGB n. F. nur fordern, wenn er dem Schuldner erfolglos eine angemessene Frist zur Leistung oder Nacherfüllung bestimmt hat. Die Fristsetzung ist entbehrlich, wenn der Schuldner die Leistung ernstlich und endgültig verweigert oder wenn besondere Umstände die sofortige Geltendmachung des Schadensersatzanspruchs rechtfertigen (§ 281 Abs. 2 BGB n. F.). Gegenüber dem früheren § 326 BGB a. F. ist insbesondere die häufig übersehene Ablehnungsandrohung nun entbehrlich. 257

Nach dieser Regelung kann der Vermieter z. B. nach erfolgloser Fristsetzung (bzw. bei ernsthafter Erfüllungsverweigerung) Schadensersatz in Geld statt der Sachleistung verlangen, wenn der Mieter die ihm obliegenden Schönheitsreparaturen nicht durchführt. Soweit der Mieter zur Wiederherstellung verpflichtet ist, wandelt sich sein Sachleistungsanspruch, wenn die Voraussetzungen des § 281 BGB n. F. vorliegen, in einen Schadensersatzanspruch um, ohne dass es darauf ankommt, ob die Wiederherstellung wegen ihres Umfangs eine Haupt- oder Nebenpflicht ist. 258

Ob in den Fällen, die früher aus positiver Vertragsverletzung ohne vorherige Fristsetzung einen auf Geldzahlung gerichteten Ersatzanspruch auslösten, nach neuem Recht ebenfalls die Voraussetzungen des § 281 BGB n. F. zu beachten sind, also nun eine Fristsetzung zur Schadensbeseitigung erforderlich ist, oder ob in diesen Fällen nach § 280 BGB n. F. nach wie vor sofort Geldersatz verlangt werden kann, ist nicht abschließend geklärt. Allerdings konkurriert mit einem solchen vertraglichen Schadensersatzanspruch in den meisten Fällen ein deliktischer Schadensersatzanspruch aus § 823 BGB, mit dem nach § 249 Abs. 2 Satz 1 BGB ohne weiteres (ohne 259 dass dem Ersatzpflichtigen zunächst eine Naturalrestitution ermöglicht werden muss) Geldersatz verlangt werden kann.

Vgl. im Einzelnen *Wolf/Eckert/Ball*, Rz. 565 f.

260 Es spricht vieles für die Anwendung des § 280 BGB n. F.; solange die Frage nicht höchstrichterlich geklärt ist, könnte es jedoch für den Vermieter empfehlenswert sein, vorsorglich eine Frist zu setzen.

261 Zu der Pflicht des Mieters, die Mietsache bei Beendigung des Mietverhältnisses zurückzugeben (§ 546 BGB n. F. = § 556 BGB a. F.), gehört die Verpflichtung, für einen ordnungsgemäßen Zustand der zurückzugebenden Sache zu sorgen.

BGH, Beschl. v. 2. 10. 1996 – XII ZR 65/95,
NJWE-MietR 1996, 266 = WuM 1997, 217.

262 Bei Schäden an der zurückgegebenen Sache wird der Vermieter deshalb Schadensersatz in Geld (statt dieser Leistung) nur unter den Voraussetzungen des § 281 BGB n. F. geltend machen können.

b) Haftungserweiterung

263 Zwar kann die Haftung des Mieters durch Vertrag sowohl beschränkt als auch erweitert werden. Einer Erweiterung durch Formularverträge sind jedoch Grenzen gesetzt.

264 Der Vermieter einer Fernschreibanlage verwendete folgende Klausel:

„Der Mieter haftet für Beschädigungen und Verlust der Anlage und ihrer Teile bis zu ihrer Rückgabe, es sei denn, dass er nachweist, dass er den Schaden nicht zu vertreten hat. Jedoch haftet er stets für Risiken, die üblicherweise versichert werden können."

265 Diese Klausel hat der Bundesgerichtshof für unwirksam erklärt. Die Klausel führe zu einer verschuldensunabhängigen Haftung des Vertragspartners, das stelle eine der gesetzlichen Risikoverteilung widersprechende unangemessene Benachteiligung des Kunden dar. Entgegen der Ansicht des Berufungsgerichtes scheide eine solche Benachteiligung des Kunden im konkreten Fall auch nicht deshalb aus, weil die verschuldensunabhängige Haftung begrenzt sei auf Schäden, die im Gefahrenbereich des Kunden eingetreten und versicherbar seien.

BGH, Urt. v. 1. 4. 1992 -XII ZR 100/91,
ZIP 1992, 625 = WM 1992, 1163
= ZMR 1992, 295 = NJW 1992, 1761
= MDR 1992, 643 = DB 1992, 1518;
dazu EWiR 1992, 523 (*Hensen*);
vgl. auch BGHR AGBG § 9 Haftungserweiterung 1.

Aus denselben Gründen ist es unzulässig, durch AGB dem Mieter einer Ferienunterkunft die Haftung für von ihm verursachte Schäden auch für den Fall aufzuerlegen, dass ihn kein Verschulden trifft. 266

BGH, Urt. v. 9. 7. 1992 – VII ZR 7/92,
BGHZ 119, 152, 168 = WM 1992, 1948
= NJW 1992, 3158;
dazu EWiR 1992, 1181 (*Hensen*).

Ebenfalls unwirksam ist nach einer Entscheidung des OLG Hamburg eine Klausel, nach der der Mieter für die „von seinen Besuchern" verursachten Schäden verantwortlich ist. Nach der gesetzlichen Regelung hafte der Mieter nur für Erfüllungsgehilfen, also für Personen, die auf seine Veranlassung mit der Mietsache in Berührung kämen. Unter die Klausel fielen aber auch unerwünschte Besucher, wie Vertreter, Bettler und Hausierer, auf deren Erscheinen der Mieter keinen Einfluss habe. Es sei unangemessen, dass der Mieter aufgrund einer vorformulierten Klausel für deren Handeln einstehen solle. 267

OLG Hamburg, Urt. v. 10. 4. 1991 – 5 U 135/90,
NJW-RR 1991, 1167;

ebenso zur Wohnungsmiete:
BGH, Urt. v. 15. 5. 1991 – VIII ZR 38/90,
ZMR 1991, 290 = NJW 1991, 290;
dazu EWiR 1991, 737 (*Sternel*).

c) Vertragliche Regelung zum Haftungsumfang

Eine vertragliche Regelung des Haftungsumfangs kann nicht nur im Mietvertrag, sondern selbstverständlich auch im Nachhinein erfolgen. In einem vom Bundesgerichtshof entschiedenen Fall verlangte der Verpächter eines Tankstellengeländes nach Beendigung des Pachtvertrages Schadensersatz wegen Beschädigung der Pachtsache, weil eine später durch einen Sachverständigen durchgeführte Bodenuntersuchung ergeben hatte, dass der Boden durch unsachgemäßen Betrieb der Tankstelle derart mit Mineralölprodukten verunreinigt war, dass er mit hohem Kostenaufwand ausgetauscht werden musste. Der Pächter berief sich darauf, dass die Parteien bei der Rückgabe des Tankstellengeländes – vor der Bodenuntersuchung – vereinbart hatten, die dem Verpächter gehörenden Tanks sollten vom Pächter auf dessen Kosten „unbrauchbar gemacht und eingeschlämmt" werden, außerdem solle der Pächter zur Abgeltung aller weiteren Ansprüche des Verpächters 24.000 DM zahlen. 268

Der Bundesgerichtshof hat entschieden, wenn die Parteien bei Abschluss der Vereinbarung an die Möglichkeit eines solchen Schadens gar nicht gedacht haben sollten (hierzu fehlten Feststellungen im Berufungsurteil), verstoße es gegen Treu und Glauben, wenn sich der Pächter auf diese Vereinbarung berufe. Durch den nun notwendigen, von den Parteien nicht vo- 269 rausgesehenen kostspieligen Bodenaustausch werde dann die Äquivalenz der vereinbarten gegenseitigen Leistungen so erheblich gestört, dass nach den gesamten Umständen des Falles das Festhalten an der Vereinbarung für den Verpächter eine ungewöhnliche, unzumutbare Härte bedeuten würde. Die Sache wurde deshalb zur weiteren Aufklärung an das Berufungsgericht zurückverwiesen.

> BGH, Urt. v. 29. 1. 1992 – XII ZR 124/90,
> NJW-RR 1992, 714, 715.

2. Rückgriff der Versicherung gegen den Mieter

270 Üblicherweise schließt der Eigentümer/Vermieter von gewerblichen Räumen eine Feuer- und eine Leitungswasserversicherung ab: Soweit die Versicherung ihm einen Schaden ersetzt, gehen seine Ansprüche gegen einen Dritten, der den Schaden verursacht hat – nicht: gegen eine mitversicherte Person –, nach § 67 Abs. 1 VVG auf den Versicherer über. Lange war umstritten, ob – eventuell unter welchen Voraussetzungen – der Mieter als mitversicherte Person angesehen werden kann und ob er, falls er nicht mitversicherte Person ist, nur für grobe Fahrlässigkeit einzustehen hat. Die Rechtsprechung des Bundesgerichtshofs hierzu hat sich mehrfach geändert.

271 Der Bundesgerichtshof hat 1991 unter Aufgabe der früheren Rechtsprechung entschieden, der Mieter sei jedenfalls in der Regel nicht mitversichert, ein Regress gegen ihn also grundsätzlich möglich.

> Für die Leitungswasserversicherung:
> BGH, Urt. v. 23. 1. 1991 -IV ZR 284/89,
> WM 1992, 1079 = NJW-RR 1991, 527;
>
> für die Feuerversicherung:
> BGH, Urt. v. 18. 12. 1991 – IV ZR 259/91,
> WM 1992, 1081 = NJW-RR 1992, 980, 981.

272 Statt dessen hat er – zunächst – eine so genannte mietrechtliche Lösung gesucht. Danach richtet sich, da nur die bestehenden Ansprüche des Vermieters unverändert übergehen, der Umfang einer Regresshaftung des Mieters nach dem Mietvertrag.

273 Hat sich der Vermieter in dem Mietvertrag ausdrücklich verpflichtet, eine Feuerversicherung abzuschließen, kann sich daraus u. U. ergeben, dass der Versicherungsschutz auch dem Mieter zugute kommen und dass der Mieter dem Vermieter gegenüber nur haften soll, soweit die Versicherung den Schaden nicht ersetzt (bei Vorsatz und grober Fahrlässigkeit).

> BGH, Urt. v. 7. 3. 1990 – IV ZR 342/88,
> ZMR 1990, 333 = NJW-RR 1990, 1175
> = MDR 1990, 805 = VersR 1990, 625;
> vgl. auch BGHR BGB § 548 Freizeichnung.

Dagegen ergibt sich eine stillschweigende Beschränkung der Haftung des Mieters nicht schon aus der Überlegung, dass die Kosten für die Gebäudeversicherung regelmäßig in den Mietzins einkalkuliert sind und somit im wirtschaftlichen Ergebnis vom Mieter getragen werden. 274

BGH, Urt. v. 23. 1. 1991 – IV ZR 284/89,
ZMR 1991, 168 = NJW-RR 1991, 527
= VersR 1991, 462.

Jedenfalls bei Wohnraummietverträgen ist aber eine solche stillschweigende Beschränkung der Haftung des Mieters auf Vorsatz und grobe Fahrlässigkeit anzunehmen, wenn nach dem Mietvertrag die Kosten der Gebäudeversicherung vom Mieter zusätzlich zum vereinbarten Mietzins an den Vermieter zu zahlen sind. 275

BGH, Urt. v. 13. 12. 1995 – VIII ZR 41/95,
BGHZ 131, 288 = ZIP 1996, 381
= WM 1996, 484 = ZMR 1996, 184
= NJW 1996, 715;
dazu EWiR 1996, 295 (*Sonnenschein*).

Die Entscheidung stellt ausdrücklich klar, dass damit die in dem Urteil des Bundesgerichtshofs vom 23. Januar 1991 (a. a. O.) vertretene Rechtsauffassung nicht aufgegeben werden soll. 276

Sie ist zwar zur Wohnraummiete ergangen, aber nicht auf Argumente gestützt, die sich aus den Besonderheiten der Wohnraummiete ergeben. Sie gilt deshalb uneingeschränkt auch für die Geschäftsraummiete. 277

BGH, Beschl. v. 26. 1. 2000 – XII ZR 204/97,
NJW-RR 2000, 1110 = NZM 2000, 688;
vgl. auch BGHR BGB § 276 Mieter 2.

Warum es in diesem Zusammenhang einen Unterschied machen soll, ob die Versicherungsprämien als Nebenkosten oder durch Einkalkulieren in die Miete auf den Mieter abgewälzt werden, leuchtet nicht ohne weiteres ein. 278

Die vertragliche Abwälzung der Versicherungskosten auf den Mieter hat nach dem OLG Celle auch zur Folge, dass der Mieter nicht für das Verschulden von „einfachen" Erfüllungsgehilfen einzustehen hat. 279

OLG Celle, Urt. v. 19. 3. 1998 – 2 U 184/96,
ZMR 1998, 691.

Das so genannte Regressverzichtsabkommen für Feuerversicherer, 280

Text: Veröffentlichungen des Bundesaufsichtsamtes
für das Versicherungs- und Bausparwesen 1978, 137,

greift zugunsten des Mieters nur in eng begrenzten Fällen ein, nämlich nur, wenn bei übergreifenden Brandereignissen der Brand auch bezüglich einer von dem Mieter abgeschlossenen Versicherung (z. B. seiner Hausratsversicherung) einen Versicherungsfall darstellt und wenn nur leichte Fahrlässigkeit vorliegt. Übergreifend bedeutet in diesem Zusammenhang: Der Brand der versicherten Sache des in Regress genommenen Schadensverursachers (hier: des Mieters) muss die anderweitig versicherten Sachen in Brand gesetzt haben, wegen deren Zerstörung Schadensersatz verlangt wird.

281 **Beispiel:**

Der Mieter, der eine Hausratsversicherung abgeschlossen hat, verursacht durch leichte Fahrlässigkeit einen Brand seines Hausrats und dieser Brand greift über auf den Dachstuhl.

282 Der Regressverzicht ist außerdem der Höhe nach begrenzt.

Vgl. *Martin*, J I 14 u. 15;
Dallmayr, in: Bub/Treier, IX Rz. 145.

283 Der Bundesgerichtshof hat nun die geschilderte mietrechtliche Lösung zwar nicht aufgegeben – sie gilt also weiter –, sie aber durch eine so genannte versicherungsrechtliche Lösung ergänzt. Der Senat gibt seine Ansicht auf, in eine reine Sachversicherung des Vermieters könne nicht ohne weiteres das Sachersatzinteresse des Mieters einbezogen werden. Allerdings könne der Mieter nicht generell als mitversicherte Person angesehen werden, ein entsprechender Wille der Vertragschließenden müsse sich vielmehr – eventuell auch in ergänzender Auslegung – aus dem Versicherungsvertrag ergeben. Hierzu seien „hinreichend konkrete Anhaltspunkte" erforderlich; die üblicherweise benutzten allgemeinen Versicherungsbedingungen reichten dazu nicht aus.

284 Eine ergänzende Vertragsauslegung des Gebäudeversicherungsvertrages ergebe aber einen konkludenten Regressverzicht des Versicherers für die Fälle, in denen der Wohnungsinhaber/Mieter einen Brandschaden durch einfache Fahrlässigkeit verursacht habe. Diese Auslegung beruhe auf dem für den Versicherer erkennbaren Interesse des Versicherungsnehmers.

BGH, Urt. v. 8. 11. 2000 – IV ZR 298/99,
BGHZ 145, 393 = ZMR 2001, 175
= NJW 2001, 1353 = WM 2001, 514
= VersR 2001, 94;

Prölss/Martin-*Kollhosser*, VVG, § 80 Rz. 25 ff.

285 Die Entscheidung vermeidet einen eigenen Anspruch des Mieters gegen die Versicherung. Offen bleibt, ob die Versicherung durch einen entsprechenden Passus in ihren Verträgen den angenommenen stillschweigenden Regressverzicht ausschließen kann.

Vgl. hierzu die Anm. von *Prölss*, ZMR 2001, 157 ff.

286 Auch diese Entscheidung ist zu einem Fall der Wohnraummiete ergangen, gilt aber nach der Argumentation der Begründung für die Geschäftsraummiete in gleicher Weise.

3. Wiederherstellungspflicht des Vermieters

Aus der Pflicht des Vermieters, die vermietete Sache während der Mietzeit in einem zu dem vertragsgemäßen Gebrauch geeigneten Zustand zu erhalten (§ 535 Abs. 1 Satz 2 BGB n. F. = § 536 BGB a. F.), ergibt sich die Pflicht des Vermieters zur Wiederherstellung der Mietsache im Falle ihrer Beschädigung. Will der Vermieter einer Gaststätte, die durch einen vom Mieter nicht zu vertretenen Brand unbenutzbar geworden ist, den Verlust seines Anspruchs auf die Miete (§ 536 Abs. 1 BGB n. F. = § 537 BGB a. F.) oder eine Kündigung des Mieters (§ 543 BGB n. F. = § 542 BGB a. F.) vermeiden, so muss er den Brandschaden beseitigen, und zwar auch dann, wenn nach dem Mietvertrag der Mieter die Kosten für Instandsetzung, Instandhaltung und Schönheitsreparaturen zu tragen hat. 287

BGH, Urt. v. 25. 2. 1987 – VIII ZR 88/86,
WM 1987, 822 = NJW-RR 1987, 906;
dazu EWiR 1987, 447 (*Sonnenschein*);
vgl. auch BGHR BGB § 536 Unbenutzbarkeit.

Der Bundesgerichtshof hatte sich mit einem Fall zu befassen, in dem ein vermieteter Muldenkipper nach der Übergabe an den Mieter unverschuldet einen Achsbruch erlitten hatte, die Reparaturkosten hätten den Zeitwert des Fahrzeugs nach der Reparatur weit überschritten. Das Berufungsgericht ging (im Anschluss an eine in der Literatur vertretene Ansicht) davon aus, der Mietanspruch sei entfallen nach § 537 BGB a. F. (= § 536 BGB n. F.). Dem ist der Bundesgerichtshof nur im Ergebnis, nicht aber in der Begründung gefolgt. § 537 BGB a. F. sei nur anwendbar, wenn der Vermieter noch zur Gebrauchsüberlassung und daraus folgend zur Beseitigung des Schadens verpflichtet sei. Nach ständiger Rechtsprechung des Bundesgerichtshofes trete aber bezüglich des Anspruchs auf Wiederherstellung Unmöglichkeit ein, wenn die Wiederherstellung entweder technisch nicht möglich oder – wie im zu entscheidenden Fall – dem Vermieter wirtschaftlich nicht zumutbar sei (so genannte Opfergrenze: § 275 Abs. 2 BGB n. F.). Sei die Unmöglichkeit von keiner Partei zu verteten, werde der Vermieter von seiner Verpflichtung zur Gewährung des Gebrauchs frei, der Mieter nach § 323 Abs. 1 BGB a. F. (= § 326 Abs. 1–3 BGB n. F). von seiner Verpflichtung zur Zahlung der Miete. 288

BGH, Urt. v. 26. 9. 1990 – VIII ZR 205/89,
ZIP 1990, 1483 = WM 1991, 26
= ZMR 1991, 19 = NJW-RR 1991, 204
= MDR 1991, 329;
dazu EWiR 1990, 1187 (*Emmerich*);

vgl. auch
BGHR BGB § 275 Abs. 1 Unmöglichkeit, wirtschaftliche, und
BGHR BGB § 323 Abs. 1 Mietzinsanspruch.

Der Bundesgerichtshof hat (anders als das Berufungsgericht) eine Klage abgewiesen, mit der die Pächter eines landwirtschaftlichen Anwesens einen 289

Verzugsschaden geltend machten, weil der Verpächter nach einem (vermutlich durch Selbstentzündung des Heus verursachten) Brand die beschädigten Gebäude erst nach mehr als zwei Jahren gebrauchsfähig machen ließ. Das Hauptgebäude (bestehend aus Wohntrakt und Stall) war bis auf eine Giebelwand und die Umfassungsmauern des Erdgeschosses abgebrannt. Der Bundesgerichtshof führt aus, der Verpächter sei von seiner Verpflichtung zur Gebrauchsüberlassung der beschädigten Gebäudeteile und damit auch von seiner Verpflichtung zur Wiederherstellung nach § 275 BGB frei geworden. Dementsprechend habe er mit dieser Verpflichtung auch nicht in Verzug geraten können. Da eine Nutzung des landwirtschaftlichen Anwesens auch ohne das Hauptgebäude möglich gewesen sei, liege aber eine teilbare Leistung und bezüglich des Hauptgebäudes Teilunmöglichkeit vor.

BGH, Urt. v. 13. 12. 1991 – LwZR 5/91,
BGHZ 116, 334 = WM 1992, 831
= NJW 1992, 1036;
dazu EWiR 1992, 323 (*H.-G. Eckert*);

im Anschluss an:
BGH, Urt. v. 12. 1. 1977 – VIII ZR 142/75,
WM 1977, 400 = MDR 1977, 660
= VersR 1977, 526.

290 Der Bundesgerichtshof nimmt Teilunmöglichkeit an, ohne zu prüfen, ob die Wiederherstellung dem Verpächter wirtschaftlich zumutbar gewesen wäre. Er geht wohl davon aus, dass es sich bei den Brandschäden an dem Hauptgebäude nicht um behebbare Mängel handelte, dass das Hauptgebäude vielmehr völlig zerstört war. Im Falle einer völligen Zerstörung der Mietsache tritt Unmöglichkeit ohne Rücksicht auf die so genannte Opfergrenze ein.

BGH, Urt. v. 14. 4. 1976 – VIII ZR 291/74,
ZMR 1977, 332;

vgl. auch *Wolf/EckertBall*, Rz. 250 ff.

291 Auch im Falle einer (nur) Beschädigung der Mietsache entfällt die Wiederherstellungspflicht des Vermieters, wenn der Mieter die Beschädigung zu vertreten hat.

BGH, Urt. v. 13. 12. 1991 – LwZR 5/91,
BGHZ 116, 334;
dazu EWiR 1992, 323 (*H.-G. Eckert*).

4. Beweislast

292 Tritt wegen der Wiederherstellung der Mietsache Unmöglichkeit ein und wird deshalb der Vermieter von seiner Pflicht zur Gebrauchsüberlassung frei, so bleibt die Mietzahlungspflicht bestehen, wenn der Mieter die Zerstörung der Mietsache zu vertreten hat (§ 326 Abs. 2 BGB n. F. = § 324 Abs. 1 BGB a. F.).

Aus § 538 BGB n. F. (= § 548 BGB a. F.) ergibt sich, dass der Mieter sich exculpieren muss, wenn die Mietsache im Zusammenhang mit dem Mietgebrauch (also in seinem Verantwortungsbereich) Schaden erlitten hat. 293

BGH, Urt. v. 14. 4. 1976 – VIII ZR 288/74,
BGHZ 66, 349 = WM 1976, 694
= NJW 1976, 1315.

Ist die Mietsache dagegen außerhalb des Mietgebrauchs beschädigt worden oder – z. B. durch einen Kraftfahrzeugdiebstahl – verloren gegangen, muss der Vermieter darlegen und beweisen, dass der Mieter dies zu vertreten hat. 294

BGH, Urt. v. 19. 10. 1995 – IX ZR 82/94,
BGHZ 131, 95 = WM 1996, 25
= NJW 1996, 321;

im Anschluss an
BGH, Urt. v. 11. 12. 1991 – VIII ZR 31/91,
BGHZ 116, 278 = ZIP 1992, 179
= WM 1992, 233 = NJW 1992, 683;
dazu EWiR 1992, 143 (*v. Westphalen*);

vgl. hierzu auch
OLG Hamm, Urt. v. 25. 6. 1997 – 30 U 208/96,
ZMR 1997, 520, und

OLG Celle, Urt. v. 29. 11. 1995 – 2 U 210/94,
ZMR 1996, 197.

Ist streitig, ob der Schaden im Zusammenhang mit dem Mietgebrauch eingetreten ist, muss der Vermieter darlegen und beweisen, dass die Schadensursache dem Obhutsbereich des Mieters zuzurechnen ist. 295

BGH, Urt. v. 18. 5. 1994 – XII ZR 188/92,
BGHZ 126, 124 = ZIP 1994, 1027
= ZMR 1994, 465 = NJW 1994, 2019;
dazu EWiR 1994, 751 (*H.-G. Eckert*).

Entgegen einer in der Literatur vertretenen Ansicht trifft im Rahmen des § 326 BGB n. F. (= § 324 Abs. 1 BGB a. F.) grundsätzlich den Gläubiger der Gegenleistung (hier: den Vermieter) die Beweislast für das Vertretenmüssen des Schuldners; § 280 Abs. Satz 2 BGB n. F. (= § 282 BGB a. F.) ist für diesen Fall nicht einschlägig. 296

BGH, Urt. v. 11. 12. 1991 – VIII ZR 31/91,
BGHZ 116, 278, 288 = ZIP 1992, 179;
dazu EWiR 1992, 143 (*v. Westphalen*).

Der Mieter kann nicht nach § 543 BGB n. F. (§ 542 BGB a. F.) wegen einer Störung des vertragsgemäßen Gebrauchs kündigen, wenn er die Zerstörung oder Beschädigung der Mietsache zu vertreten hat. Auch in diesem Falle muss er sich exculpieren, wenn z. B. ein Brand beim Mietgebrauch entstanden ist und Ursachen, die in den Obhuts- und Verantwortungsbereich des Vermieters fallen, ausgeräumt sind. 297

BGH, Urt. v. 26. 11. 1997 – XII ZR 28/96,
WM 1998, 615 = ZMR 1998, 211
= NJW 1998, 594;
vgl. auch BGHR BGB § 542 Abs. 1 Satz 1 Vertretbarkeit 1.

298 Zur Beweislast für Verschlechterungen der Mietsache durch Bodenverunreinigungen (einschließlich Hinweisen für eine Gestaltung des Mietvertrages) vgl.

Schlemminger/Latinovic, NZM 1999, 163.

299 Zur Zurechnung von Bodenverunreinigungen auf einem Tankstellengrundstück, das nacheinander von mehreren Betreibern genutzt worden ist, und der damit zusammenhängenden Beweislastverteilung hat der Bundesgerichtshof im Urteil vom 10. Juli 2002 Stellung genommen.

BGH, Urt. v. 10. 7. 2002 – XII ZR 107/99,
NJW 2002, 3234 = NZM 2002, 913.

Er schließt eine Aufteilung der Verursachungsbeiträge (und damit der Sanierungskosten) nicht aus und hält eine Schätzung nach § 287 ZPO für angebracht.

5. Verjährung der Schadensersatzansprüche des Vermieters

300 Das Mietrechtsreformgesetz behält in § 548 Abs. 1 BGB n. F. die kurze Verjährung bei. Wie zuvor gemäß § 558 BGB a. F. verjähren Schadensersatzansprüche des Vermieters gegen den Mieter wegen Veränderung oder Verschlechterung der Mietsache binnen sechs Monaten, beginnend mit dem Zeitpunkt, in dem der Vermieter die Sache zurückerhält. Sinn und Zweck dieser Vorschrift, zwischen den Parteien eines Gebrauchsüberlassungsvertrages nach dessen Beendigung eine schnelle Auseinandersetzung sicherzustellen, stellten die Redaktoren nicht in Frage, obwohl zeitgleich die mit der Schuldrechtsmodernisierung befassten Referenten die Nachteile der extrem kurzen Verjährung von Gewährleistungsrechten erörterten.

a) Vertragliche und konkurrierende Ansprüche

301 Sinn und Zweck der kurzen Verjährung sprechen für eine weite Auslegung. Die Anwendung des § 548 Abs. 1 BGB ist nicht beschränkt auf Schadensersatzansprüche wegen Verletzung vertraglicher Pflichten, sie gilt auch für damit konkurrierende gesetzliche Ansprüche, insbesondere für Ansprüche aus einer fahrlässig begangenen unerlaubten Handlung.

BGH, Urt. v. 18. 9. 1986 – III ZR 227/84,
BGHZ 98, 235, 237 = NJW 1987, 187
= WM 1987, 54 = ZMR 1987, 53 m. w. N.;
dazu EWiR 1987, 133 (*H.-G. Eckert*).

Zur Anwendbarkeit bei einer vorsätzlichen Zerstörung der Mietsache durch den Mieter und auf einen Anspruch wegen sittenwidriger Schädigung gemäß § 826 BGB vgl. 302

BGH, Urt. v. 17. 6. 1993 – IX ZR 206/92,
NJW 1993, 2797 = WM 1993, 1798
= ZMR 1993, 458;
dazu EWiR 1993, 1177 (*Borgmann*);

vgl. auch BGHR BGB § 558 Abs. 1 Konkurrenz 2;
BGH, Urt. v. 27. 4. 2001 – LwZR 6/00,
NZM 2001, 668 = WM 2001, 1571.

Dem Zweck des § 548 Abs. 1 BGB entsprechend greift die Vorschrift auch bei Beschädigung der Mietsache in der Abwicklungsphase nach Vertragsende ein, sogar bei Gebrauchsgewährung trotz unwirksamen Mietvertrages. 303

BGH, Urt. v. 31. 1. 1967 – VI ZR 105/65,
BGHZ 47, 53 = NJW 1967, 980.

Besteht zwischen der Eigentümerin und der Vermieterin eines Kraftfahrzeuges eine enge wirtschaftliche Verflechtung (hier: zwei Gesellschaften mit demselben Geschäftssitz und demselben Geschäftsführer), so kann sich der Mieter nicht nur gegenüber den Ansprüchen der Vermieterin aus Mietvertrag, sondern auch gegenüber den deliktischen Ansprüchen der Eigentümerin auf die kurze Verjährung des § 548 BGB berufen. 304

BGH, Urt. v. 11. 12. 1991 – XII ZR 269/90,
BGHZ 116, 293 = ZIP 1992, 184
= NJW 1992, 1820 = WM 1992, 800;
dazu EWiR 1992, 657 (*H.-G. Eckert*).

Die kurze Verjährungsfrist gilt auch für entsprechende Ansprüche des Vermieters gegen den vollmachtlosen Vertreter, der gemäß § 179 BGB haftet. 305

BGH, Urt. v. 19. 11. 2003 – XII ZR 68/00,
ZfIR 2004, 371 = NJW 2004, 774
= NZM 2004, 98.

b) Bezug zum Mietobjekt

Sind durch dasselbe Schadensereignis vom Mieter zu ersetzende Schäden sowohl an der Mietsache als auch an nicht vermieteten Gegenständen des Vermieters entstanden (im zu entscheidenden Fall: Durch den Einsturz einer Wand der vermieteten Lagerhalle sind daneben abgestellte Geräte des Vermieters beschädigt worden), ergreift § 548 BGB alle geltend gemachten Schadenspositionen, ohne dass es darauf ankommt, ob der Schaden an der vermieteten Sache überwiegt. 306

BGH, Urt. v. 6. 11. 1991 – XII ZR 216/90,
WM 1992, 364 = ZMR 1992, 96
= NJW 1992, 687 = MDR 1992, 710;
dazu EWiR 1992, 761 (*Sonnenschein*).

307 Allerdings verjähren nicht die Ersatzansprüche für alle Schäden, die an nicht vermieteten Gegenständen im Zusammenhang mit einer Beschädigung der Mietsache oder als deren Folge eintreten, nach § 558 BGB a. F. bzw. § 548 BGB n. F. Der Schaden, für den Ersatz verlangt wird, muss vielmehr einen hinreichenden Bezug zum Mietobjekt selbst haben. Dass die Durchsetzbarkeit von Ersatzansprüchen mit Ablauf von sechs Monaten nach Rückgabe der Mietsache entfällt, muss korrespondieren mit der Möglichkeit für den Vermieter, etwaige Schäden nach der Rückgabe der Mietsache durch eine Untersuchung schnell festzustellen. Diese Möglichkeit hat der Vermieter nicht, wenn die geltend gemachten Schäden an Sachen aufgetreten sind, mit denen der Mieter beim vertragsgemäßen Gebrauch der Mietsache normalerweise nicht in Kontakt kommen kann, wenn sie nach der Rückgabe der Mietsache zunächst nicht erkennbar und auch keine zwangsläufigen Folgeschäden des Schadens an der Mietsache selbst sind, und insbesondere, wenn sie an Gegenständen eingetreten sind, die im Eigentum eines Dritten stehen. Der Bundesgerichtshof verneint die Anwendbarkeit des § 558 BGB a. F. bzw. § 548 BGB n. F. für einen Folgeschaden, der nach dem Auslaufen von Heizöl auf dem Mietgrundstück an einer entfernt liegenden Fischzuchtanlage eines Dritten entstanden ist und für den der Vermieter, nachdem er selbst in Anspruch genommen worden war, beim Mieter Regress nehmen wollte.

BGH, Urt. v. 24. 11. 1993 – XII ZR 79/92,
ZIP 1994, 37 = NJW 1994, 251;
dazu EWiR 1994, 125 (*H.-G. Eckert*).

308 Mit dieser Entscheidung wendet sich der Bundesgerichtshof erkennbar gegen den Trend, die Anwendbarkeit des § 558 BGB a. F. (§ 598 BGB n. F.) immer weiter auszuweiten.

309 Gelegenheit, den hinreichenden Bezug zur Mietsache als maßgebliches Abgrenzungskriterium näher zu definieren, hatte der Bundesgerichtshof am 10. Mai 2000. Ohne sich abschließend festzulegen, warnt er davor, ihn ohne Substanzbeeinträchtigung schon dann anzunehmen, wenn von dem eingelagerten Material eine Gefahr für das Mietgrundstück und/oder seine Nachbarschaft ausgeht.

BGH, Urt. v. 10. 5. 2000 – XII ZR 149/98,
NJW 2000, 3203 = NZM 2000, 1055
= WM 2000, 1960;
dazu EWiR 2000, 1007 (*H.-G. Eckert*).

310 Ob Ausgleichsansprüche unter Gesamtschuldnern nach öffentlich-rechtlicher Inanspruchnahme des einen in den Anwendungsbereich des § 548 BGB fallen, ist fraglich. In seinem Urteil vom 24. November 1993 hat der Bundesgerichtshof dies bewusst offen gelassen. Soweit es um die Kosten für die Sanierung der benachbarten Flächen, die nicht dem Vermieter gehören, geht, fehlt der hinreichende Bezug zum Erdreich. Im Übrigen hilft dem Vermieter § 24 Abs. 2 Satz 3 und 4 Bodenschutzgesetzes (vom 17. 3. 1998,

BGBl I, 502). Danach verjährt sein Anspruch in drei Jahren. Diese moderne Spezialregelung sollte auch im Rahmen eines Mietverhältnisses nicht von § 548 BGB verdrängt werden.

> *Schlemminger/Attendorn*, NZM 1999, 97;
> *Wolf/Eckert/Ball*, Rz. 1141;
>
> a. A. LG Hamburg, Urt. v. 7. 11. 2000 – 316 O 154/00,
> NZM 2000, 339 = ZMR 2001, 196;
>
> LG Frankenthal, Urt. v. 27. 2. 2002 – 5 O 208/01,
> NJW-RR 2002, 1090 = NZM 2002, 583
> = ZMR 2002, 753;
>
> *Landel*, ZMR 2004, 242.

c) Beginn der Verjährungsfrist

Rückgabe der Mietsache i. S. d. § 548 BGB (von der an die kurze Verjährung läuft) setzt voraus, dass der Vermieter – auch wenn die Sache nicht endgültig zurückgegeben wird – durch eine „Veränderung der Besitzverhältnisse“ die unmittelbare Sachherrschaft erlangt und auf diese Weise in die Lage versetzt wird, sich ungestört ein umfassendes Bild von den Veränderungen und Verschlechterungen der Mietsache zu machen. Hierzu genügt es nicht, dass ihm zur Besichtigung der Mietsache freier Zutritt gewährt wird, 311

> BGH, Urt. v. 10. 7. 1991 – XII ZR 105/90,
> NJW 1991, 2416 = WM 1991, 1884
> = ZMR 1991, 420 = MDR 1992, 159;
> dazu EWiR 1991, 1067 (*Sternel*),

oder dass der Vermieter während des Mietverhältnisses Gelegenheit erhält, den Schaden zu beseitigen.

> BGH, Urt. v. 10. 5. 2000 – XII ZR 149/98,
> NJW 2000, 3203 = WM 2000, 1960
> = ZMR 2000, 596;
> dazu EWiR 2000, 1007 (*H.-G. Eckert*);
> vgl. auch BGHR BGB § 558 Abs. 2 Zurückerhalten 8.

Die umfassende Untersuchung der Mieträume durch einen vom Vermieter beauftragten Sachverständigen genügt nicht, wenn der Mieter diese ohne Besitzübertragung an den Vermieter aufgegeben hatte. 312

> BGH, Urt. v. 19. 11. 2003 – XII ZR 68/00,
> ZfIR 2004, 371 = NJW 2004, 774
> = NZM 2004, 98.

Unerheblich ist, ob bei Rückgabe der schadhafte Zustand der Mietsache erkennbar war. 313

> OLG Frankfurt/M., Urt. v. 8. 6. 2001 – 24 U 198/00,
> ZMR 2001, 707.

314 Scheidet ein Mieter, der die Mietsache untervermietet hat, sowohl aus dem Mietverhältnis als auch aus dem Untermietverhältnis aus und tritt an seiner Stelle im allseitigen Einverständnis ein Dritter in beide Mietverhältnisse ein, so verjähren Ansprüche des ursprünglichen Mieters gegen seinen Untermieter wegen einer Verschlechterung der Mietsache sechs Monate nach dem Zeitpunkt seines Ausscheidens.

> BGH, Urt. v. 6. 11. 1991 – XII ZR 216/90,
> NJW 1992, 687 = WM 1992, 364
> = ZMR 1992, 96 = MDR 1992, 710;
> dazu EWiR 1992, 761 (*Sonnenschein*).

315 Nach höchstrichterlicher Rechtsprechung beginnt die Verjährung des Schadensersatzanspruchs des Vermieters nach § 326 BGB a. F. (jetzt § 281 BGB) wegen unterlassener Schönheitsreparaturen oder Instandsetzungsarbeiten nicht vor dem fruchtlosen Ablauf der dem Mieter gesetzten Nachfrist bzw. der die Nachfristsetzung überflüssig machenden Erfüllungsverweigerung durch den Mieter. Die für den Erfüllungsanspruch zuvor bereits verstrichene Verjährungsfrist ist nicht anzurechnen.

> BGH, Urt. v. 12. 4. 1989 – VIII ZR 52/88,
> BGHZ 107, 179 = ZIP 1989, 711
> = NJW-RR 1989, 1039 = ZMR 1989, 293;
> dazu EWiR 1989, 551 (*H.-G. Eckert*);
>
> BGH, Urt. v. 19. 11. 1997 – XII ZR 281/95,
> ZIP 1998, 428 = ZfIR 1998, 288
> = NJW 1998, 1303;
> dazu EWiR 1998, 161 (*H.-G. Eckert*);
>
> BGH, Urt. v. 9. 2. 2000 – XII ZR 202/97,
> NZM 2000, 547;
>
> BGH, Urt. v. 12. 5. 2004 – XII ZR 223/01,
> NZM 2004, 583.

316 Macht umgekehrt der Vermieter vorschnell den auf Geldzahlung gerichteten Schadensersatzanspruch innerhalb von sechs Monaten nach Zurückerhalten geltend (z. B. weil er von einer endgültigen Erfüllungsverweigerung ausgeht), so unterbrach bzw. hemmt (dazu Rz. 320) diese Klage nicht die Verjährung, weil der Vermieter keinen Geldanspruch, sondern noch den Erfüllungsanspruch hatte. Schadensersatz- und Wiederherstellungsanspruch sind nämlich verschiedene Streitgegenstände.

> BGH, Urt. v. 16. 3. 1988 – VIII ZR 184/87,
> BGHZ 104, 6 = NJW 1988, 1778;
> dazu EWiR 1988, 561 (*Emmerich*).

317 Es empfiehlt sich, beide Ansprüche einzuklagen, davon einen hilfsweise, denn dies genügt zur Verjährungsunterbrechung bzw. -hemmung.

> BGH, Urt. v. 9. 2. 2000 – XII ZR 202/97,
> NZM 2000, 547.

Nach § 200 BGB in der Fassung des Schuldrechtsmodernisierungsgesetzes beginnt die Verjährung von Ansprüchen, die nicht der regelmäßigen Verjährung unterliegen, mit der Fälligkeit des Anspruchs, soweit nicht ein anderer Verjährungsbeginn bestimmt ist. Demgemäß finden sich im Schrifttum Stimmen, die § 548 Abs. 1 Satz 2 BGB als zulässige Ausnahme zu § 200 BGB begreifen, so dass auch der auf Geldzahlung gerichtete Schadensersatzanspruch in sechs Monaten nach Zurückerhalten verjährt. Mit dem Gesetzeszweck ist diese Auffassung zu vereinbaren. 318

Herrlein/Kandelhard-*Kandelhard*, § 548 Rz. 20;
Palandt-*Weidenkaff*, BGB, § 548 Rz. 11;
Staudinger-*Emmerich*, BGB, § 548 Rz. 25;
Wolf/Eckert/Ball, Rz. 1122.

d) Ersatz von Folgeschäden

Kann die Mietsache nach Beendigung des Mietverhältnisses nicht weitervermietet werden, weil Schönheitsreparaturen oder Instandsetzungsarbeiten, zu denen der Mieter verpflichtet war, nicht ausgeführt worden sind, so verjährt der Anspruch des Vermieters auf Ersatz des Mietausfalls zugleich mit dem Anspruch auf Durchführung dieser Arbeiten. 319

BGH, Urt. v. 23. 11. 1994 – XII ZR 150/93,
BGHZ 128, 74 = ZIP 1995, 388 (m. Anm. *Michalski*, S. 392)
= NJW 1995, 252 = WM 1995, 581
= ZMR 1995, 114;
dazu EWiR 1995, 115 (*H.-G. Eckert*).

e) Unterbrechung und Hemmung

Die Verjährung von Ersatzansprüchen des Vermieters wegen Verschlechterung oder Veränderung der Mietsache wird ohne Rücksicht darauf, ob die Ansprüche aus dem Mietvertrag oder aus Deliktsrecht hergeleitet werden, nach § 203 BGB (n. F.) gehemmt, solange der Vermieter mit dem Mieter verhandelt und keiner die Fortsetzung der Verhandlungen verweigert. Nach § 204 Nr. 7 BGB in der Fassung des ab 1. Januar 2002 geltenden Schuldrechtsmodernisierungsgesetzes hemmt die Zustellung des Antrags auf Durchführung des selbständigen Beweisverfahrens die Verjährung. 320

Eine Leistungsklage auf Ersatz des Mietausfallschadens hemmt die Verjährung für künftige, nicht eingeklagte Mietausfallforderungen auch dann nicht, wenn es sich insgesamt um einen einheitlichen Verzugsschaden handelt. 321

BGH, Urt. v. 19. 11. 1997 – XII ZR 281/95,
ZIP 1998, 428 = ZfIR 1998, 288
= NJW 1998, 1303 (Klarstellung zu BGHZ 128, 74, 82);
dazu EWiR 1998, 161 (*H.-G. Eckert*).

322 Ordnet das Gericht nach Abweisung der Klage gegen einen Streitgenossen durch Teilurteil das Ruhen des Rechtsstreits gegen den anderen Streitgenossen an und nimmt dieser ihn erst nach Erledigung des Rechtsmittelverfahrens über das Teilurteil auf, so endete die Verjährungsunterbrechung wegen Stillstandes des Prozesses (§ 211 Abs. 2 BGB a. F.).

BGH Urt. v. 18. 10. 2000 – XII ZR 85/98,
NJW 2001, 218 = WM 2000, 2551.

323 Die Erwägungen dieses Urteils dürften auf die Beendigung der Hemmung gemäß § 204 Abs. 2 BGB n. F. zu übertragen sein.

324 Sind mehrere Vermieter Gläubiger der Ersatzforderung, so hemmt die Klage eines von ihnen die Verjährung nur dann, wenn dieser durch Abtretung Alleininhaber der Forderung geworden ist oder die Klage in Prozessstandschaft der übrigen Gläubiger erhoben und seine Prozessführungsbefugnis innerhalb der Verjährungsfrist offen gelegt hat.

OLG Düsseldorf, Urt. v. 24. 8. 1999 – 24 U 93/98,
ZMR 2000, 210.

f) Verlängerung der kurzen Verjährungsfrist durch Vereinbarung

325 § 225 BGB a. F. verbot eine Verlängerung der Verjährungsfrist. Nach Ersetzung dieser Vorschrift durch den milderen § 202 BGB sind die Parteien nicht gehindert, eine längere Verjährungsfrist zu vereinbaren. In welchen Grenzen dies durch AGB geschehen kann, bleibt abzuwarten. Nachdem das Schuldrechtsmodernisierungsgesetz im Kauf- und Werkvertragsrecht die sechsmonatige Verjährungsfrist als verbraucherfeindlich und praktischen Bedürfnissen zuwiderlaufend abgeschafft hat, wird kaum noch zu begründen sein, dass die kurze Verjährung beim Mietvertrag zum unverrückbaren Leitbild gehört.

VIII. Sicherheiten

1. Vermieterpfandrecht

Übereignet der Mieter während der Mietzeit einem Kreditgeber zur Sicherheit das in die Mieträume eingebrachte Warenlager mit wechselndem Bestand, bleibt davon der Vorrang des Vermieterpfandrechts unberührt. Es erstreckt sich auch auf Teile des Warenlagers, die erst nach der Sicherungsübereignung angeschafft werden. Das gilt auch dann, wenn die Waren dem Mieter unter Eigentumsvorbehalt geliefert werden, er dem Kreditgeber – zunächst – zur Sicherheit sein Anwartschaftsrecht aus bedingter Übereignung überträgt und durch die Zahlung des Kaufpreises das Eigentum unmittelbar auf den Kreditgeber übergeht. 326

BGH, Urt. v. 12. 2. 1992 – XII ZR 7/91,
BGHZ 117, 200 = ZIP 1992, 390
= WM 1992, 600 = ZMR 1992, 186
= NJW 1992, 1156;
dazu EWiR 1992, 443 (*Köndgen*);
vgl. auch BGHR BGB § 559 Warenlager 1;

kritisch hierzu
v. Martius, in: Bub/Treier, III A Rz. 857 m. w. N.

Bei einem Mieterwechsel sichert das Vermieterpfandrecht an den vom alten Mieter eingebrachten Sachen, auch wenn diese in den Mieträumen verbleiben, nicht die nach dem Wechsel entstehenden Forderungen gegen den neuen Mieter. Tritt der neue Mieter jedoch nur neben dem alten Mieter zusätzlich in den weiterbestehenden Mietvertrag ein, so werden auch die danach entstehenden Ansprüche abgesichert. 327

BGH, Urt. v. 15. 2. 1995 – XII ZR 260/93,
ZIP 1995, 572 = NJW 1995, 1350;
dazu EWiR 1995, 339 (*H.-G. Eckert*).

Besteht Anlass zu der Befürchtung, der Mieter wolle das Vermieterpfandrecht „missachten“, z. B. weil er Vorbereitungen für den Abtransport des Inventars trifft, kann eine einstweilige Verfügung auf Unterlassung in Betracht kommen. Da der Vermieter oft keine Kenntnis davon hat, welche Gegenstände im Einzelnen dem Vermieterpfandrecht unterliegen und sie deshalb nicht exakt beschreiben kann, sind in einem solchen Verfahren diesbezüglich keine zu hohen Anforderungen an die Bestimmtheit und Glaubhaftmachung zu stellen. Eine „gewisse Verallgemeinerung“ ist zulässig. 328

OLG Hamm, Beschl. v. 23. 7. 1999 – 30 W 25/99,
NZM 2001, 623 = MDR 2000, 386.

Die wirtschaftliche Bedeutung des Vermieterpfandrechts erweist sich vor allem im Insolvenzverfahren über das Vermögen des Mieters, denn es berechtigt den Vermieter gemäß § 50 InsO zur abgesonderten Befriedigung. Über Art und Verbleib der eingebrachten Sachen ist auch der Insolvenzver- 329 walter ihm gegenüber zur Auskunft verpflichtet, nach Verwalterwechsel sogar der zweite Verwalter hinsichtlich der von seinem Vorgänger aus den Mieträumen entfernten Sachen.

BGH, Urt. v. 4. 12. 2003 – IX ZR 222/02,
ZIP 2004, 326 = ZVI 2004, 105
= NZM 2004, 224;
dazu EWiR 2004, 349 (*Pape*).

2. Kaution

a) Einzahlung

330 Ist der Mieter mit der Einzahlung der vor Überlassung zu stellenden Sicherheit in Verzug, so kann der Vermieter seine Vorleistungen – z. B. Ausbau des Mietobjekts – gemäß § 273 BGB zurückbehalten.

BGH, Beschl. v. 8. 7. 1998 – XII ZR 32/97,
NZM 1998, 766.

331 Ob der mit der Einzahlung der Kaution in Verzug befindliche Mieter die rückständige Kautionssumme zu verzinsen hat, ist umstritten. Das OLG Düsseldorf spricht sich dagegen aus, weil diese nicht in das Vermögen des Vermieters fällt.

OLG Düsseldorf, Urt. v. 23. 3. 2000 – 10 U 160/97,
ZMR 2000, 45.

332 Die Gegenauffassung betont, der Mieter befinde sich mit der Erfüllung einer Geldschuld in Verzug und es bestehe kein Grund, dies sanktionslos zu lassen.

OLG Rostock, Urt. v. 18. 12. 2000 – 3 U 153/00,
OLG-Report 2001, 440, 442.

333 Jedenfalls fallen Rechtshängigkeitszinsen in gesetzlicher Höhe an, weil die Rechtshängigkeit einen selbständigen Verzinsungsgrund bedeutet.

OLG Düsseldorf, Urt. v. 23. 3. 2000 – 10 U 160/97,
ZMR 2000, 45.

334 Der Anspruch auf Einzahlung der vollständigen Kaution erlischt nicht mit Beendigung des Mietverhältnisses. Klagt der Vermieter weiterhin die Kaution ein, so hat er die ungesicherten Ansprüche substantiiert darzulegen. Der Mieter kann demgegenüber nicht einwenden, der Vertrag sei beendet, denn das Sicherungsbedürfnis wird gerade bei Vertragsende aktuell.

BGH, Urt. v. 12. 1. 1981 – VIII ZR 332/79,
NJW 1981, 976 = WM 1981, 252;

OLG Düsseldorf, Urt. v. 20. 1. 2000 – 10 U 182/98,
NZM 2001, 380.

Eine Ausnahme mag angebracht sein, wenn dem Vermieter offensichtlich keine oder nur geringfügige Ansprüche gegen den Mieter zustehen. 335

OLG Celle, Urt. v. 23. 4. 1997 – 2 U 118/96,
ZMR 1998, 272 = NZM 1998, 265
= NJW-RR 1998, 585.

Der Anspruch auf Einzahlung der Kaution – keine Dauerverpflichtung – verjährt gemäß § 195 BGB in drei Jahren, gerechnet ab Ende des Kalenderjahres, in dem sie fällig wurde (§ 199 Abs. 1 BGB). 336

b) Anlage der Kaution

Für die gewerbliche Vermietung gilt § 551 Abs. 3 BGB, der eine vom Vermögen des Vermieters getrennte Anlage vorschreibt, nicht. Gleichwohl ist davon auszugehen, dass der Vermieter die Kautionssumme im Interesse des Mieters derart anzulegen hat, dass der Mieter sie im Insolvenzverfahren über das Vermögen des Vermieters aussondern kann. 337

OLG Frankfurt/M., Urt. v. 29. 5. 1991 – 17 U 110/90,
NJW-RR 1991, 1416 = ZMR 1991, 34;

Wolf/Eckert/Ball, Rz. 703 m. w. N.

Eine dem genügende Geldanlage kommt nur zustande, wenn der Vermieter auf dem Konto nur Fremdgelder anlegt. Unschädlich ist die Zusammenfassung der Kautionen mehrerer Mieter, solange das Konto insgesamt treuhänderisch gebunden ist.

Vgl. BGH, Urt. v. 24. 6. 2003 – IX ZR 120/02,
ZIP 2003, 1404 = ZfIR 2003, 691
= ZVI 2003, 408 = NZM 2003, 818;
dazu EWiR 2003, 981 (*H.-G. Eckert*).

Allerdings müssen auf einem solchen Konto die einzelnen Kautionsguthaben und Mieter identifizierbar sein, andernfalls scheitert die Aussonderung.

OLG Schleswig, Urt. v. 29. 11. 1988 – 3 U 117/87,
ZIP 1989, 252;
dazu EWiR 1989, 185 (*H.-G. Eckert*).

Diese Sicherheit wird indessen nach den allgemeinen Grundsätzen zur treuhänderischen Anlage nur erreicht, wenn das Treugut (die Kautionssumme) unmittelbar aus dem Vermögen des Treugebers (des Mieters) auf das Konto fließt. 338

Vgl. BayObLG, Beschl. v. 8. 4. 1988 – RE-Miet 1/88,
ZIP 1988, 789 = NJW 1988, 1796;
dazu EWiR 1988, 703 (*H.-G. Eckert*).

Ist demgemäß die nachträgliche insolvenzfeste Anlage nicht mehr möglich, obwohl der Vermieter vertraglich hierzu verpflichtet ist, so sollte der Mieter 339 von der Kautionsvereinbarung gemäß § 323 BGB zurücktreten und Rückzahlung verlangen können.

Wolf/Eckert/Ball, Rz. 706.

c) Verjährung der gesicherten Forderung

340 Aus dem Erhalt der Aufrechnungslage gemäß § 215 BGB ergibt sich für den Bereich des Mietrechts die alltägliche Konstellation, dass der Vermieter gegen den Anspruch des Mieters auf Rückerstattung der Barkaution auch noch nach Eintritt der gemäß § 548 BGB kurzen Verjährung mit seinem Schadensersatzanspruch wegen Verschlechterung der Mietsache aufrechnen kann, sofern sich vor Eintritt der Verjährung gleichartige Ansprüche gegenüberstanden. Auf die Absicherung durch die einbehaltene Barkaution vertrauend kann er darauf verzichten, den die Kaution übersteigenden Schadensersatzanspruch geltend zu machen, und den Rückzahlungsanspruch des Mieters durch Aufrechnung mit dem Schadensersatzanspruch abwehren. Dies gilt auch dann, wenn er über die Kaution nicht innerhalb angemessener Frist nach Vertragsende abrechnet.

BGH, Beschl. v. 1. 7. 1987 – VIII ARZ 2/87,
BGHZ 101, 244 = NJW 1987, 2372;
dazu EWiR 1987, 967 (*H.-G. Eckert*).

341 Allerdings kann der Schadensersatzanspruch des Vermieters während des laufenden Mietverhältnisses verjähren, wenn der Mieter die Mietsache geraume Zeit vor dem rechtlichen Vertragsende zurückgibt. Bei dieser Sachlage tritt die Aufrechnungslage gemäß § 215 BGB erst mit dem rechtlichen Vertragsende ein; der Ersatzanspruch des Vermieters war zuvor verjährt.

OLG Düsseldorf, Urt. v. 30. 10. 2001 – 24 U 77/01,
ZMR 2002, 658.

342 Bei vorzeitiger Rückgabe der Mietsache muss der Vermieter daher zeitnah seinen Schadensersatzanspruch geltend machen, gegebenenfalls auf die Kaution zurückgreifen und dann deren Auffüllung verlangen.

343 Wenn der Vermieter nach Vertragsende noch die Kaution unter Darlegung seines fortbestehendes Sicherungsbedürfnisses aufgrund offener Schadensersatzansprüche wegen Verschlechterung der Mietsache fordert, stellt sich die Frage, ob der Mieter dem Anspruch des Vermieters auf die Kautionszahlung die Verjährung der Schadensersatzforderung entgegensetzen darf.

Dazu OLG Rostock, Urt. v. 18. 12. 2000
– 3 U 153/99, OLGR 2001, 440.

d) Wechsel des Grundstückseigentümers und Vermieters

Die Haftung des Veräußerers für die Rückerstattung der Kaution regelt nunmehr § 566a BGB. Danach ist der Veräußerer weiterhin zur Rückgewähr verpflichtet, falls der Mieter bei Beendigung des Mietverhältnisses die Kaution nicht von dem Erwerber zurückerlangen kann. Eine zeitliche Begrenzung der Haftung des Erwerber entsprechend § 566 Abs. 2 Satz 2 BGB ist dem Gesetz nicht zu entnehmen. Unklar ist, ob Veräußerer und Erwerber dem Mieter gegenüber als Gesamtschuldner haften oder ob der Mieter sich zunächst an den Erwerber halten muss, bevor er den Veräußerer in Anspruch nimmt. Jedenfalls kann der Veräußerer den Anspruch des Mieters nicht mit dem Hinweis abwehren, er habe die Sicherheit dem Erwerber übertragen. Ob sich der Veräußerer gegen seine Nachhaftung dadurch absichern kann, dass er bei der Veräußerung die Kaution nicht an den Erwerber weiterleitet, sondern sie dem Mieter zurückerstattet bzw. mit ihm abrechnet, 344

so Herrlein/Kandelhard-*Kandelhard*, § 566a Rz. 9,

ist fraglich, denn der Erwerber hat einen Anspruch auf Abführung der Kaution.

Dazu *Wolf/Eckert/Ball*, Rz. 1340.

Mit der Neuregelung in § 566a Satz 2 BGB, die auf Veräußerungen nach dem 31. August 2001 anzuwenden ist, setzt der Gesetzgeber das Urteil des Bundesgerichtshofs vom 24. März 1999 um, der sich für die zeitlich unbegrenzte Forthaftung des Veräußerers entschieden hatte. 345

BGH, Urt. v. 24. 3. 1999 – XII ZR 124/97,
BGHZ 141, 160 = ZIP 1999, 970
= NJW 1999, 1857 = ZfIR 1999, 742
= WM 1999, 1286 = NZM 1999, 469;
dazu EWiR 1999, 689 (*H.-G. Eckert*).

Der vor Veräußerung des Mietgrundstücks entstandene und fällig gewordene Anspruch des Vermieters auf Einzahlung der Kaution geht jedenfalls nicht ohne weiteres auf den Erwerber über. 346

OLG Hamburg, Urt. v. 9. 4. 1997 – 4 U 136/96,
ZIP 1997, 415.

3. Mietbürgschaft

a) Umfang der gesicherten Forderungen

Die Bürgschaft, die ausdrücklich nur den Mietanspruch abdeckt, sichert auch den Anspruch auf Nutzungsentschädigung wegen Vorenthaltung der Mietsache nach Vertragsende (§ 546a BGB), denn er tritt an die Stelle der entfallenen Mietforderung. 347

Vgl. BGH Urt. v. 9. 12. 1998 – XII ZR 170/96,
ZIP 1999, 187 = NJW 1999, 715
= WM 1999, 715;
dazu EWiR 1999, 343 (*Kohte*) zur Sicherungsabtretung der Mietanforderung;

strenger OLG Frankfurt/M., Urt. v. 21. 1. 1987
– 17 U 52/85, NJW-RR 1991, 1213.

348 Für Schadensersatzansprüche des Vermieters wegen einer vom Mieter zu vertretenden vorzeitigen Vertragsbeendigung oder wegen Rückgabeverzugs, die regelmäßig dem Grunde und der Höhe nach umstritten und schwerlich noch als Mietforderungen zu qualifizieren sind,

vgl. OLG Köln, Urt. v. 6. 12. 1990 – 12 U 89/90,
EWiR 1991, 207 (*H.-G. Eckert*),

sollte § 767 Abs. 1 Satz 2 BGB gelten.

349 Sichert die Bürgschaft den Anspruch auf Miete und Nebenkosten ab, so kann der Bürge daran interessiert sein, dass der Vermieter den Mietvertrag gemäß § 543 Abs. 1 und Abs. 2 Nr. 3 BGB außerordentlich kündigt, z. B. weil der an die Stelle der Miete tretende Schadensersatzanspruch sich aus der Nettomiete ohne Umsatzsteuer errechnet, also geringer ist als die Miete. Gleichwohl ist der Vermieter dem Bürgen gegenüber nicht verpflichtet, den Mietvertrag vorzeitig zu kündigen.

OLG Hamburg, Urt. v. 21. 4. 1999 – 4 U 113/98,
ZMR 1999, 630;

OLG Düsseldorf, Urt. v. 25. 10. 2001 – 10 U 116/00,
NZM 2002, 23.

350 Beide Gerichte lehnen es ab, die vom Bundesgerichtshof zur Bürgschaft für Forderungen aus einem Leasingvertrag entwickelten Grundsätze zur Rücksichtnahmepflicht des Gläubigers,

BGH, Urt. v. 30. 3. 1995 – IX ZR 98/94,
NJW 1995, 1886,

auf den gewerblichen Mietvertrag zu übertragen.

b) Bürgschaft auf erstes Anfordern

351 Im gewerblichen Mietrecht gewinnt die im Bauvertragsrecht verbreitete Bürgschaft auf erstes Anfordern zunehmend Bedeutung.

Dazu *Gero Fischer*, NZM 2003, 497.

352 Ungeachtet des evidenten Sicherungsbedürfnisses des Vermieters und der Vorteile, die ihm eine solche Bürgschaft bietet, ist die Mietbürgschaft ohne ausdrückliche Abmachung nicht eine solche auf erstes Anfordern.

OLG Köln, Urt. v. 5. 6. 2002 – 13 U 162/01,
ZMR 2003, 258.

Gegen die Zulässigkeit einer Formularklausel, die den Mieter zur Stellung 353
einer Bürgschaft auf erstes Anfordern verpflichtet, lässt sich nicht einwenden, dass damit der Streit über die Berechtigung der gesicherten Forderung in den Rückzahlungsprozess verlagert werde, denn diese Situation ist typisch für die Absicherung durch Barkaution. Die Rechtsprechung, dass bei Unwirksamkeit der Klausel der Sicherungsgeber jedenfalls zur Beibringung einer gewöhnlichen Bürgschaft verpflichtet bleibt, lässt sich auf das Mietrecht übertragen.

> *Gero Fischer*, NZM 2003, 497, 500.

zitiert BGH NJW-Spezial 2005, 402

c) Mietausfallbürgschaft

Der Mietausfallbürge ist nicht gehindert, die Mietschuld zu begleichen, be- 354
vor der Ausfall feststeht. Auch dann geht die Mietforderung mit der Absicherung durch eine gewöhnliche Bürgschaft auf ihn (§§ 774 Abs. 1, 412, 401 BGB) über und er kann den gewöhnlichen Bürgen in Regress nehmen.

> OLG Hamm, Urt. v. 27. 2. 2002 – 30 U 135/01,
> NZM 2002, 563.

d) Verjährung der gesicherten Forderung

Dass die Bürgschaft geringere Sicherheit als die Kaution bietet, zeigt sich in 355
der Abwicklungsphase. Hier ist eine zügige Entschließung in Hinblick auf die kurze Verjährung seiner Schadensersatzansprüche wegen Veränderung oder Verschlechterung der Mietsache (§ 548 Abs. 1 BGB) geboten. Während dem durch Barkaution Gesicherten nach Ablauf der Verjährungsfrist die Aufrechnungslage gemäß § 215 BGB zugute kommt, sind der Bürge oder der Hauptschuldner nicht gehindert, sich auf die Verjährung der durch Bürgschaft gesicherten Forderung zu berufen.

Eine dem Regelungstatbestand des § 215 BGB vergleichbare Konstellation 356
ist nicht gegeben, denn der Bürge berühmt sich keines Anspruchs gegen den Vermieter; daher scheidet eine Analogie aus. § 216 BGB privilegiert als Ausnahmevorschrift nur den dinglich gesicherten Gläubiger.

> BGH, Urt. v. 28. 1. 1998 – XII ZR 63/96,
> BGHZ 138, 49 = ZIP 1998, 415
> = ZfIR 1998, 198 = NJW 1998, 981
> = WM 1998, 548;
> dazu EWiR 1998, 257 (*H.-G. Eckert*).

IX. Beendigung des Mietverhältnisses

1. Vertragsdauer und Verlängerung

a) Vereinbarte Laufzeit des Vertrages

Dass eine langfristige Bindung dem gesetzlichen Leitbild der Miete nicht widerspricht, zeigt § 544 BGB. Somit können auch Formularverträge mit einer Laufzeit bis zu 30 Jahren geschlossen werden. Eine solche Laufzeit benachteiligt einen Vertragspartner allenfalls dann unangemessen, wenn der Verwender durch die lange Vertragszeit ohne einsichtigen Grund und ohne Rücksicht auf schützenswerte Belange des Vertragsgegners seine eigenen Interessen verfolgt. 357

Hiervon ausgehend benachteiligt ein auf die Dauer von 30 Jahren geschlossener Vertrag über die Überlassung eines Grundstücksstreifens zur Aufstellung einer Werbetafel den Mieter nicht unangemessen. 358

OLG Hamm, Urt. v. 15. 11. 1991 – 30 U 164/91,
ZMR 1992, 153 = NJW-RR 1992, 270.

Der Bundesgerichtshof beanstandet langfristige vertragliche Bindungen auch bei der Vermietung beweglicher Sachen nicht, so die zwölfjährige Laufzeit eines Vertrags über die Vermietung einer Fernsprechnebenstelle. 359

BGH, Urt. v. 13. 2. 1985 – VIII ZR 154/84,
NJW 1985, 2328;
dazu EWiR 1985, 123 (*Bunte*);

ferner OLG Karlsruhe, Urt. v. 17. 6. 1992
– 4 U 204/91, NJW-RR 1992, 1460.

Hieran hält der Bundesgerichtshof fest. Die mehrjährige Bindung sieht er wegen der häufig hohen Entwicklungs- und Vorhaltekosten als gerechtfertigt an. Sieht die Klausel zudem eine Möglichkeit zur vorzeitigen Kündigung vor, so spricht dies zusätzlich für ihre Wirksamkeit. Die Entscheidung betraf den Anschluss an das Breitband-Kabelnetz. 360

BGH, Urt. v. 10. 2. 1993 – XII ZR 74/91,
NJW 1993, 1133;
dazu EWiR 1993, 423 (*Hensen*).

Der klagende Verbraucherverband hatte auch vorgebracht, die Laufzeitklausel sei deshalb unangemessen, weil sie nicht ausdrücklich das Recht zur außerordentlichen Kündigung vorsehe, das grundsätzlich nicht abbedungen werden kann. Der Bundesgerichtshof lässt trotz der im Verbandsprozess praktizierten kundenfeindlichsten Auslegung diesen Einwand nicht gelten. Die Annahme, die Laufzeitklausel nehme das Recht zur außerordentlichen Kündigung aus wichtigem Grund, komme nicht ernsthaft in Betracht. Es bestehe kein Bedürfnis, dieses selbstverständliche Kündigungsrecht ausdrücklich in das Klauselwerk aufzunehmen. 361

362 Die vom Bundesgerichtshof beurteilten AGB verknüpften die langjährige Bindung mit einer Abstandszahlung bei vorzeitiger Kündigung wie folgt:

> „Der Vertrag wird über eine Mindestdauer von 144 Monaten abgeschlossen. Der Anschlussnehmer kann das Vertragsverhältnis unter Einhaltung einer Kündigungsfrist von drei Monaten zum Vertragsende kündigen, erstmals jedoch nach Ablauf von zwölf Monaten.
>
> Zur Abdeckung der Postanschlussgebühr, Vorlaufkosten und Installationskosten ist bei vorzeitiger Kündigung des Vertragsverhältnisses für jedes nicht voll in Anspruch genommene Jahr der Mindestüberlassungsdauer eine Abstandszahlung von vier Monatsgebühren fällig. Bei Übernahme des Vertrages durch eine dritte Person entfällt die Abstandszahlung".

363 Der Bundesgerichtshof prüft die Klauseln getrennt. Die Laufzeitklausel dürfe nicht unter dem Aspekt der Abstandszahlung bei vorzeitiger Kündigung bewertet werden, weil beide Regelungsinhalte keine untrennbare Einheit bildeten. Eine zulässige, den Kunden nicht benachteiligende zwölfjährige vertragliche Bindung wird nicht dadurch unangemessen, dass der Kunde berechtigt wird, den Vertrag vorzeitig, wenn auch mit finanziellen Auswirkungen, zu kündigen.

364 Ungeachtet der generellen Tendenz werden Vertragsklauseln, die eine langfristige Bindung vorsehen, vereinzelt kritisch beurteilt, so eine zehnjährige Laufzeit in einem Wartungsvertrag über eine veraltete Telekommunikationseinrichtung,

> BGH, Urt. v. 8. 4. 1997 – X ZR 62/95,
> NJW-RR 1997, 942,

und eine zwanzigjährige Laufzeit in einem Vertrag über einen Kabelanschluss.

> BGH, Urt. v. 4. 7. 1997 – V ZR 405/96,
> ZIP 1998, 72 = NJW 1997, 3022;
> dazu EWiR 1997, 1009 (*Hensen*).

Der V. Zivilsenat sieht insbesondere die Gefahr, dass der Kunde viele Jahre an eine Anlage mit veralteter Technik gebunden bleibt.

b) Vertragsverlängerung aufgrund Verlängerungsklausel

365 Die Klausel, dass sich der auf eine feste Dauer abgeschlossene Mietvertrag um eine bestimmte Zeit verlängert, sofern nicht eine der Parteien innerhalb einer bestimmten Frist vor Vertragsablauf widerspricht oder „kündigt", bewirkt bei ausbleibendem Widerspruch die Verlängerung des Ursprungsvertrages, nicht den Abschluss eines neuen Vertrages.

> BGH, Urt. v. 29. 4. 2002 – II ZR 330/00,
> ZIP 2002, 1251 = ZfIR 2002, 801
> = NJW 2002, 2170;
> dazu EWiR 2002, 719 (*H.-G. Eckert*).

Der Bundesgerichtshof, mit einer Verlängerungsklausel im Vertrag des Betreibers eines Fitness-Studios befasst, betont als grundlegenden Gesichtspunkt zur Inhaltskontrolle mietvertraglicher Verlängerungsklauseln die gesetzgeberische Wertung, die in der Mietverträge ausnehmenden Regelung des § 11 Nr. 12b AGBG a. F. zum Ausdruck kommt. Trotz des Übertitels „Laufzeit von Dauerschuldverhältnissen" hat der Gesetzgeber in Abkehr von dem im Referentenentwurf enthaltenen Vorschlag Mietverträge nicht in § 11 Nr. 12b AGBG a. F. erfasst. Somit wollte er für Mietverträge nicht einmal Klauseln verbieten, die eine Vertragsverlängerung um mehr als ein Jahr vorsehen. Unzulässig wäre es, aufgrund allgemeiner Überlegungen, die sich nicht aus den Besonderheiten des überprüften Vertragstyps ergeben, über die Generalklausel des § 9 AGBG (jetzt § 307 BGB) die gesetzgeberische Absicht auf den Kopf zu stellen. 366

BGH, Urt. v. 4. 12. 1996 – XII ZR 193/95,
ZIP 1997, 282 = NJW 1997, 739;
dazu EWiR 1997, 241 (*Heinrichs*).

Eine Benachteiligung des Gegners des Verwenders wird gern darin gesehen, dass er gezwungen sei, die vereinbarte Widerspruchs- oder Kündigungsfrist im Auge zu behalten und dies häufig vergesse. Der Bundesgerichtshof weist darauf hin, dass dieser vom Gesetzgeber bedachte Aspekt nicht typisch für Mietverträge ist, sondern auf alle in § 11 Nr. 12 AGBG a. F. angesprochenen auf Dauer angelegten Verträge zutrifft. Im Übrigen ist der unzufriedene, zur Vertragsbeendigung entschlossene Mieter oder Vermieter nicht damit überfordert, den Vertragstext durchzulesen und festzustellen, mit welcher Frist er sich lösen kann. Die Argumente des Bundesgerichtshofs haben über die für Verbraucherschutzerwägungen besonders anfälligen Verträge von Betreibern von Fitness-Unternehmen hinaus Bedeutung für Mietverträge schlechthin. 367

c) Verlängerungsoption

Die unterschiedlich lange Bindung der Vertragsparteien ist typisch für die Optionsvereinbarung. Eine dahingehende vorformulierte Klausel benachteiligt daher den Gegner des Optionsberechtigten nicht unangemessen i. S. d. § 307 BGB. 368

OLG Hamm, Urt. v. 12. 6. 1987 – 7 U 39/87,
ZMR 1988, 386.

aa) Optionsberechtigter

Eine Klausel: „Option für weitere fünf Jahre wird vereinbart", lässt nicht einmal erkennen, ob beide Parteien optionsberechtigt sein sollten oder nur der Mieter. Üblicherweise wird nur der Mieter begünstigt, aber dies schließt nicht aus, auch dem Vermieter ein Optionsrecht einzuräumen. Schließt sich 369 diese erwähnte Klausel unmittelbar an die Regelung an, dass sich das Mietverhältnis jeweils um ein Jahr verlängert, falls nicht eine der Parteien widerspricht, so liegt es nahe, beiden Parteien das Widerspruchsrecht und das Optionsrecht zuzubilligen.

OLG Düsseldorf, Urt. v. 7. 11. 1991 – 10 U 33/91,
ZMR 1992, 52.

bb) Zusammentreffen der Option mit einer sonstigen Vertragsverlängerung

370 Unklarheiten bestehen vor allem bei Zusammentreffen mit – häufig vorformulierten – Verlängerungsklauseln. Insoweit hat der Bundesgerichtshof festgestellt, dass bei Weiterlaufen des Mietverhältnisses mangels Kündigung die Option zwar noch während der Verlängerungszeit ausgeübt werden kann, dass dies aber nicht zu einer Verlängerung der Höchstdauer der vertraglichen Bindung der Parteien führen darf.

BGH, Urt. v. 14. 7. 1982 – VIII ZR 196/81,
NJW 1982, 2770.

371 Das Optionsrecht erlischt, wenn es durch Ausübung verbraucht wird. Verlängern die Parteien nach Ausübung der Option den Vertrag und vereinbaren sie dessen Fortgeltung, soweit er nicht durch den Nachtrag geändert wird, so lebt das Optionsrecht nicht wieder auf.

BGH, Urt. v. 8. 2. 1995 – XII ZR 42/43,
NJW-RR 1995, 714.

372 Ein bestehendes, noch nicht ausgeübtes Optionsrecht geht unter, wenn die Vertragspartner das Mietverhältnis durch Vereinbarung um mehr verlängern, als es durch Optionsausübung verlängert werden könnte. Die Fortdauer des Optionsrechts bedarf stets einer unmissverständlichen Parteivereinbarung.

373 Wird in einem unbefristeten Mietvertrag dem Mieter eine mehrfache Verlängerungsoption eingeräumt, so kann ein zeitlich nachfolgendes Optionsrecht nur wirksam werden, wenn ein zeitlich früheres rechtzeitig ausgeübt wurde.

OLG Hamburg, Urt. v. 23. 6. 1997 – 4 U 82/96,
NJW-RR 1998, 807 = NZM 1998, 333.

374 Enthält der Vertrag keine Verlängerungsklausel und ist auch die stillschweigende Vertragsverlängerung gemäß § 545 BGB abbedungen, so kann der Mieter nach Ablauf der Vertragszeit nicht mehr optieren, selbst wenn den Parteien das Auslaufen des Vertrages nicht bewusst war. Auch durch eine ausdrückliche Verlängerungsvereinbarung lebt ein nicht fristgerecht ausgeübtes Optionsrecht nicht wieder auf.

OLG Köln, Urt. v. 27. 2. 1996 – 22 U 132/95,
ZMR 1996, 495.

Setzt sich das Mietverhältnis gemäß § 545 BGB stillschweigend fort, so gilt dies naturgemäß nicht hinsichtlich des vereinbarten Endtermins, im Übrigen jedoch mit dem bisherigen Inhalt, also einschließlich des nicht verbrauchten Optionsrechts. Allerdings ist die Verlängerungszeit auf die Optionszeit anzurechnen; der Optionsberechtigte kann den Vertrag also nur bis zur vorgesehenen Höchstdauer verlängern. 375

BGH, Urt. v. 4. 12. 1974 – VIII ZR 160/73,
WM 1975, 56 = ZMR 1975, 215.

cc) Zeitpunkt der Optionserklärung

Optionsklauseln schweigen grundsätzlich dazu, wann die Option zu erklären ist. Die Rechtsprechung behilft sich damit, dass sie insoweit den Vertrag ergänzend dahin auslegt, dass Kündigungs- oder Widerspruchsfristen, die die Parteien im Übrigen vereinbart haben, entsprechend gelten sollen. 376

BGH, Urt. v. 20. 3. 1985 – VIII ZR 64/84,
NJW 1985, 2581;
dazu EWiR 1985, 369 (*H.-G. Eckert*);

OLG Düsseldorf, Urt. v. 7. 11. 1991 – 10 U 33/91,
ZMR 1992, 52.

Fehlt aber ein solcher Anknüpfungstatbestand, so kann der Optionsberechtigte noch am letzten Tag des Mietverhältnisses den Vertragsgegner mit der Erklärung überraschen, er optiere. Dass dies für den Vermieter fast unzumutbar ist, liegt nahe; aber er hat es in der Hand, auf eine Vertragsgestaltung hinzuwirken, die derartige Unklarheiten ausschließt. 377

dd) Optionsausübung nach Vermieterwechsel

Nach Wechsel des Vermieters infolge Veräußerung des Mietgrundstücks (§ 566 BGB) verlängert die dem Veräußerer gegenüber ausgeübte Option das Mietverhältnis, wenn dem Mieter der Vermieterwechsel nicht bekannt war. Dies folgt aus dem Rechtsgedanken der §§ 407, 412 BGB. 378

BGH, Urt. v. 28. 11. 2001 – XII ZR 197/99,
NZM 2002, 291.

ee) Vertragsbedingungen nach Option

Bei einer „Option zu alsdann neu zu vereinbarenden Bedingungen“ steht es dem Vermieter zu, die Miethöhe zu bestimmen. 379

OLG Saarbrücken, Urt. v. 31. 10. 1996 – 8 U 904/95,
NJWE-MietR 1997, 104.

380 Zweifel tauchen im Zusammenhang mit den in der Verlängerungszeit geltenden Vertragsbedingungen, insbesondere der Mietzinshöhe auf. Folgende Vertragsgestaltung ist nahezu typisch:

381 In einem Mietvertrag auf die feste Dauer von zehn Jahren wurde dem Mieter nach Ablauf der festen Dauer ein fünfjähriges Optionsrecht eingeräumt. Außerdem verlängerte sich der Mietvertrag um jeweils ein Jahr, wenn er nicht spätestens ein Jahr zuvor gekündigt wurde. Der Mietzins für die zehnjährige erste Mietphase wurde festgeschrieben; nach Ablauf dieser Zeit sollte der Mietzins zum Beginn der Option von beiden Vertragspartnern neu festgelegt werden. Der Vermieter versäumte es, den Mietvertrag ein Jahr vor Ablauf der ersten zehnjährigen Vertragszeit zu kündigen. Zu entscheiden war, ob in der Verlängerungszeit der für die Festzeit vereinbarte Mietzins oder ob ein von den Parteien festzulegender erhöhter Mietzins zu zahlen war.

382 Diese Vereinbarung legt der Bundesgerichtshof dahin aus, dass der Mietzins nach Ablauf der ersten Vertragszeit in der Verlängerung in jedem Fall erhöht werden konnte, gleichgültig, ob sich der Vertrag aufgrund der Verlängerungsklausel oder aufgrund der Option erhöhte. Die Parteien hätten den Zeitpunkt für die Erhöhungsmöglichkeit festgelegt, ohne dies von der Ausübung der Option abhängig zu machen.

> BGH, Urt. v. 19. 3. 1992 – IX ZR 203/91,
> NJW 1992, 2281.

383 Die Klausel:

> „Der Mieter kann nach Ablauf der Mietzeit wieder auf zehn Jahre mieten"

in einem auf zehn Jahre abgeschlossenen Vertrag besagt nichts zu den Vertragsbedingungen in der Verlängerungszeit. Der Grundsatz, dass der ortsübliche oder angemessene Mietzins vereinbart ist, wenn sich die Parteien bindend über die entgeltliche Überlassung des Gebrauchs des Mietobjekts geeinigt haben, gilt auch bei einer Vertragsverlängerung aufgrund Option.

> BGH, Urt. v. 2. 10. 1991 – XII ZR 88/90,
> WM 1992, 240 = NJW-RR 1992, 517.

e) Stillschweigende Vertragsverlängerung

384 Die Regelung des § 545 BGB n. F. gehört nicht zum gesetzlichen Leitbild des Mietvertrages. Zweck der Vorschrift ist es, Rechtsklarheit darüber zu schaffen, ob der Vertrag fortbesteht oder nicht. Sie hat daher nur Ordnungsfunktion und dient deshalb nicht dem Bestandsschutz. Aus diesem Grund benachteiligt der formularmäßige Ausschluss dieser Regelung keine der Vertragsparteien.

BGH, Urt. v. 15. 5. 1991 – VIII ZR 38/90,
NJW 1991, 1750;
dazu EWiR 1991, 737 (*Sternel*).

Das OLG Schleswig sieht jedoch das Transparenzverbot (jetzt § 307 Abs. 1 Satz 2 BGB) verletzt, wenn sich die Klausel darauf beschränkt, die Anwendung des § 568 BGB a. F. (jetzt § 545 BGB) auszuschließen, ohne den Inhalt der Vorschrift mitzuteilen. **385**

OLG Schleswig, RE. v. 27. 3. 1995 – 4 RE-Miet 1/93,
ZMR 1996, 254 = NJW 1995, 2858;
dazu kritische Anm. von *Voelskow*, ZMR 1996, 431.

Seinen Anspruch auf Rückgabe oder Räumung verwirkt der Vermieter nicht dadurch, dass er mit der gerichtlichen Durchsetzung längere Zeit zuwartet. Würde man letzteres annehmen, so würde der Tatbestand der stillschweigenden Vertragsverlängerung nach § 568 BGB a. F. (jetzt § 545 BGB) ohne gesetzliche Grundlage durch einen weiteren Fortsetzungstatbestand ergänzt. **386**

BGH, Urt. v. 23. 9. 1987 – VIII ZR 265/86,
WM 1988, 62 = NJW-RR 1988, 77;
dazu EWiR 1988, 35 (*H.-G. Eckert*).

X. Kündigung des Mietverhältnisses

1. Allgemeine Grundsätze

a) Form

Bei der gewerblichen Vermietung bedarf die Kündigung keiner Form. § 568 Abs. 1 BGB n. F. ordnet den Formzwang nur für die Wohnraummiete an; § 578 BGB n. F. verweist nicht darauf. Dies gilt auch bei formbedürftigen Immobilienmietverträgen. Demgemäß kann die Kündigung durch schlüssiges Verhalten erklärt werden, wenn sich aus ihm zweifelsfrei ergibt, dass eine Partei das Mietverhältnis beenden möchte. Der Bundesgerichtshof hat der Erklärung des Mieters, er werde das Mietobjekt nicht beziehen, eine ordentliche, schon vor Überlassung der Mietsache an den Mieter zulässige Kündigung entnommen. 387

> BGH, Urt. v. 10. 10. 2001 – XII ZR 93/99,
> NZM 2001, 1077;
> dazu EWiR 2002, 95 (*H.-G. Eckert*).

Wegen der Bedeutung der Kündigungserklärung und des Bestrebens der Parteien nach Rechtssicherheit bestehen keine Bedenken gegen die Vereinbarung des Schriftformerfordernisses, auch nicht gegen eine dahingehende vorformulierte Klausel. 388

> Zur gewillkürten Schriftform:
> BGH, Urt. v. 21. 1. 2004 – XII ZR 214/00,
> NJW 2004, 1320 = NZM 2004, 258
> = MDR 2004, 560.

Die mit Telefax übermittelte Kündigung genügt, denn das Formerfordernis folgt nicht aus dem Gesetz (§ 127 Abs. 2 BGB). Die ohne Befolgung der vereinbarten Form erklärte Kündigung ist nicht zwingend, aber im Zweifel unwirksam (§ 127 Abs. 1 BGB). 389

b) Angabe des Endtermins

Eine außerordentliche Kündigung braucht nicht fristlos zu wirken. Der Kündigende kann einen Auslauftermin bestimmen. Unwirksam ist hingegen eine außerordentliche Kündigung zu einem unbestimmten Zeitpunkt, bei einer Kündigung des Mieters etwa bis zur Anmietung von Ersatzräumen. 390

> BGH, Urt. v. 22. 10. 2003 – XII ZR 112/00,
> NJW 2004, 284 = NZM 2004, 66.

Bei Ausübung des Sonderkündigungsrechts nach § 57a ZVG muss der Beendigungstermin nicht angegeben werden. Es gilt der nächstmögliche Termin, auch wenn ein drei Monate früher liegender angegeben wurde. 391

> BGH, Beschl. v. 25. 10. 1995 – XII ZR 245/94,
> NJW-RR 1996, 144.

392 Die in einem langfristigen gewerblichen Mietvertrag enthaltene Vereinbarung eines Rechts zur vorzeitigen Kündigung für den Mieter mit der Folge unterschiedlich langer Bindung der beiden Vertragsparteien an das Mietverhältnis verstößt nicht gegen wesentliche Grundgedanken des gesetzlichen Mietrechts.

> BGH, Urt. v. 30. 5. 2001 – XII ZR 273/98,
> ZfIR 2002, 43 = NJW 2001, 3480
> = ZMR 2001, 784;
> dazu EWiR 2002, 45 (*H.-G. Eckert*).

c) Kündigungszeitpunkt

393 Die außerordentliche Kündigung darf der Kündigende nicht zu früh, aber auch nicht zu spät erklären. Bei den Sonderkündigungsrechten gemäß § 57a ZVG und § 111 InsO ist die Kündigung nur zum erstmöglichen Termin möglich. Dies erfordert eine schnelle Entschließung. Großzügig ist das OLG Düsseldorf,

> OLG Düsseldorf, Urt. v. 5. 9. 2002 – 10 U 66/02,
> ZMR 2003, 177,

das nach Zuschlag am 26. des letzten Quartalsmonats nicht schon die Kündigung bis zum dritten Werktag des Folgemonats fordert.

394 Hingegen ist nach Ansicht des OLG Oldenburg,

> OLG Oldenburg, Urt. v. 17. 12. 2001 – 11 U 63/01,
> ZfIR 2002, 1027 = OLGR 2002, 47,

eine nach dem dritten Werktag des Oktober erklärte außerordentliche Kündigung verspätet, wenn der Zuschlag am 28. September erfolgte. Revisionsrechtlich ist gegen diese strenge Auffassung nichts einzuwenden.

> Vgl. BGH, Beschl. v. 9. 11. 2001 – LwZR 4/01,
> ZIP 2992, 174 = NZM 2002, 163.

395 Eine außerordentliche Kündigung gemäß § 543 BGB kann unwirksam sein, wenn der Kündigende sie zu früh erklärt. Bei der fristlosen Kündigung wegen Zahlungsverzugs (§ 543 Abs. 2 Satz 1 Nr. 3 BGB) ist streitig, ob eine vor Erreichen des die Kündigung rechtfertigenden Rückstands abgesandte Kündigung wirksam ist oder ob es insoweit nur auf den Zugang ankommt.

396 Unwirksam ist insbesondere eine vor Ablauf der Abhilfefrist ausgesprochene Kündigung, etwa die des Mieters, der den Vermieter zur Mangelbeseitigung aufgefordert hat; sie bleibt auch nach ergebnislosem Ablauf der Abhilfefrist unwirksam.

d) Zugang

Die Kündigungserklärung ist nicht gemäß § 130 BGB zugegangen, wenn das Kündigungsschreiben in den Räumen des Mieters einem dort tätigen Mitarbeiter übergeben wird, sofern nicht feststeht, dass dieser Mitarbeiter Empfangsvertreter oder Empfangsbote ist. Ebenso wenig genügt es, das Kündigungsschreiben ohne persönliche Übergabe in den Räumen des Mieters abzulegen, denn hierdurch wird keine zur Entgegennahme von Erklärungen bereitgehaltene Einrichtung benutzt. 397

BGH, Urt. v. 17. 5. 1991 – V ZR 92/90,
WM 1991, 1809 = NJW 1991, 2700;
dazu EWiR 1991, 879 (*H.-G. Eckert*).

Bei Einwurf des Kündigungsschreibens in den Hausbriefkasten des Empfängers geht die Kündigung an dem Tag zu, an dem nach der Verkehrsanschauung mit der Leerung des Kastens zu rechnen ist. Während seiner Abwesenheit oder bei sonstiger Verhinderung, auch bei Krankheit, kann die Kündigung zugehen, denn der Kündigungsgegner hat dafür zu sorgen, dass ihn rechtserhebliche Erklärungen erreichen. 398

BGH, Urt. v. 21. 1. 2004 – XII ZR 214/00,
NJW 2004, 1320 = NZM 2004, 258
= MDR 2004, 560.

Auch eine per Telefax übermittelte Kündigung geht nur mit Ausdruck zu, wenn nach der Verkehrsanschauung die alsbaldige Kenntnisnahme zu erwarten ist. Ein kurz vor Mitternacht übermitteltes Telefaxschreiben geht somit erst am Folgetag zu. 399

BGH, Urt. v. 21. 1. 2004 – XII ZR 214/00,
NJW 2004, 1320 = NZM 2004, 258
= MDR 2004, 560.

Die häufige Klausel, dass die Kündigung per Einschreiben zu übersenden sei, hat nur Beweisfunktion. Kann der Kündigende den Zugang, auch den Ausdruck der Telefaxsendung beim Kündigungsgegner nachweisen, so ist die Kündigung zugegangen. 400

BGH, Urt. v. 21. 1. 2004 – XII ZR 214/00,
NJW 2004, 1320 = NZM 2004, 258
= MDR 2004, 560.

Der Zugang kann unterstellt werden, wenn der Empfänger eine Einschreibesendung nicht abholt, obwohl er mit dem Zugang eines rechtserheblichen Schreibens rechnen musste. 401

BGH, Urt. v. 26. 11. 1997 – VIII ZR 22/97,
ZIP 1998, 212;
dazu EWiR 1998, 199 (*Medicus*);

ferner OLG München, Urt. 4. 8. 1995
– 21 U 5934/94, ZMR 1997, 286.

e) Kündigung durch Stellvertreter

402 Schwierigkeiten resultieren bei der Kündigung durch einen Bevollmächtigten, etwa Rechtsanwalt, aus der Regelung des § 174 BGB. Danach ist bei einseitigen Rechtsgeschäften die Vollmachtsurkunde vorzulegen, und zwar nach einhelliger Ansicht deren Original. Die Vorlage einer beglaubigten Abschrift oder einer Ablichtung genügt nicht. Die Regelung dient dem Schutz des Erklärungsempfängers, der nicht im Ungewissen darüber sein soll, ob der Vertretene die Erklärung gegen sich gelten lassen muss oder nicht. Das OLG München zeigt die Grenzen auf. Bei bekannter Mandatierung ist die Zurückweisung rechtsmissbräuchlich.

OLG München, Urt. v. 12. 7. 1996 – 21 U 4334/95,
ZMR 1996, 557.

403 Bei der Telefax-Übermittlung erhält der Empfänger mit der Kündigung lediglich eine abgelichtete Vollmachtsurkunde. Die Telefax-Kopie genügt daher nicht dem Schutzzweck des § 174 BGB. Ihr kann man nicht ansehen, ob sie vom Original, das dem Absender bei Absetzung der Kündigung vorlag, stammt oder von einer früher gefertigten Ablichtung des Originals.

OLG Hamm, Urt. v. 26. 10. 1990 – 20 U 71/90,
NJW 1991, 1185;
dazu EWiR 1991, 123 (*Hensen*).

404 Kündigt ein Gesellschafter als Vertreter einer BGB-Gesellschaft, so kann der Kündigungsgegner die Kündigung gemäß § 174 BGB zurückweisen, wenn ihr nicht der Nachweis der Vollmacht des Kündigenden beiliegt. Ergibt sie sich nur aus dem Gesellschaftsvertrag, so ist dieser beizufügen.

BGH, Urt. v. 9. 11. 2001 – LwZR 4/01,
ZIP 2002, 174 = NZM 2002, 163.

f) Kündigung gegenüber Stellvertreter

405 Die einem Rechtsanwalt zur Abwehr der Räumungsklage erteilte Prozessvollmacht schließt regelmäßig die Befugnis ein, eine in Zusammenhang mit dem Rechtsstreit erklärte Kündigung entgegenzunehmen; eine Beschränkung im Innenverhältnis zwischen Mandant und Rechtsanwalt ist im Außenverhältnis mangels Offenlegung unbeachtlich.

BGH, Nichtannahmebeschl. v. 23. 2. 2000
– XII ZR 77/98, NZM 2000, 382;
zu OLG Brandenburg, Urt. v. 18. 2. 1998 – 3 U 155/97,
ZMR 2000, 373 = OLG-Report 2001, 264;

ähnlich OLG Rostock, Urt. v. 16. 10. 2000
– 3 U 90/00, NZM 2002, 1028, dazu Nichtannahmebeschl. des BGH v. 15. 5. 2002 – XII ZR 318/00.

g) Kündigung im Prozess durch Prozesserklärung

406 Sie ist als materiell wirksame Erklärung wirksam, wenn unzweifelhaft zu erkennen ist, dass der Räumungsklage oder einem sonstigen prozessualen Schriftsatz auch materiell-rechtliche Bedeutung zukommen soll.

> BGH, Urt. v. 2. 11. 1988 – VIII ZR 7/88,
> WM 1988, 153 = NJW-RR 1989, 77.

407 Hierzu genügt, dass die Klageschrift die Kündigungsgründe in tatsächlicher Hinsicht beschreibt, darlegt, dass das beschriebene vertragswidrige Verhalten einen Grund zur fristlosen Kündigung darstelle, und schließlich auf eine frühere Kündigung verweist.

> BGH, Urt. v. 6. 11. 1996 – XII ZR 60/95,
> WM 1997, 540 = NJW-RR 1997, 203.

408 Auf eine von einem Rechtsanwalt im Rahmen seiner Prozessvollmacht abgegebene Erklärung ist § 174 BGB nicht anzuwenden, denn die Vollmacht ermächtigt ihn gemäß § 81 ZPO nicht nur zu Prozesshandlungen im engeren Sinn, sondern auch zu materiell-rechtlichen Erklärungen, die den Prozessgegenstand betreffen, auch zu Kündigungen. So kann in einem Räumungsrechtsstreit der Prozessbevollmächtigte kündigen, ohne dass der Gegner die Kündigung gemäß § 174 BGB zurückweisen kann.

> BGH, Urt. v. 18. 12. 2002 – VIII ZR 72/02,
> NJW 2003, 963 = NZM 2003, 229.

h) Kündigungen durch und gegenüber Personenmehrheiten

409 Bei Personenmehrheiten, gleich auf welcher Seite, müssen sämtliche Erklärungen jeweils von allen Mietern oder Vermietern abgegeben werden. Zur Erleichterung des Rechtsverkehrs wird vielfach formularmäßig vereinbart, dass rechtsverbindliche Erklärungen für und gegen die anderen Mieter bzw. Vermieter wirken. Eine solche Klausel begegnet Bedenken, weil sie dem gesetzlichen Leitbild der Gesamtschuld (§ 425 BGB) widerspricht.

410 Der Bundesgerichtshof hält die Bevollmächtigungsklausel, die die Entgegennahme der Kündigung einschließt, für wirksam.

> BGH, RE. v. 10. 9. 1997 – VIII ARZ 1/97,
> ZIP 1998, 27 = ZfIR 1997, 650
> = NZM 1998, 22,
> ergangen auf Vorlage des BayObLG ZMR 1997, 517.

Die vorformulierte Klausel, die zur Inhaltskontrolle anstand, lautete wie folgt:

> „Erklärungen, deren Wirkung die Mieter berührt, müssen von oder gegenüber allen Mietern abgegeben werden. Die Mieter bevollmächtigen sich jedoch gegenseitig zur Entgegennahme **oder Abgabe** solcher Erklärungen. Diese Vollmacht gilt auch für die Entgegennahme von Kündigungen, jedoch nicht **für den Ausspruch von Kündigungen und** für Mietaufhebungsverträge.“

411 Den Bundesgerichtshof stört nicht, dass die Klausel ihrem Wortlaut nach auch die aktive Kündigung oder Vertragsaufhebung betrifft. Er hält sie innerhalb des Satzes für teilbar und unterwirft sie losgelöst von der Abgabevollmacht der Inhaltskontrolle. Einen Verstoß gegen die gemäß § 10 Nr. 6 AGBG a. F. unzulässige Zugangsfiktion sieht er nicht, obwohl er die Nähe hierzu nicht leugnet. Im Übrigen führt der Senat aus, dass die Klausel mit dem wesentlichen Grundgedanken der gesetzlichen Regelung vereinbar ist. Gesamtvertretung bei der Entgegennahme von Willenserklärungen sind derart häufig, dass sich daraus ein allgemeines Prinzip herleiten lässt. Insbesondere gilt dies für die BGB-Gesellschaft. Eine „gegenseitige Selbstentrechtung" wie bei der aktiven Abgabevollmacht, ist nicht zu befürchten. Wenn die Klausel nicht ausdrücklich auf die Widerruflichkeit hinweist – auch das Fehlen dieses Hinweises wurde als Argument gegen die Wirksamkeit verwendet – so ist dies unschädlich. Das verbleibende Restrisiko kann somit den Mietern unter Berücksichtigung des Interesses des Vermieters an einer Vereinfachung des Rechtsverkehrs mit einer Personenmehrheit zugemutet werden. Im Übrigen ist der Mieter, der ausgezogen ist, ohnehin nicht mehr am Fortbestand des Mietverhältnisses interessiert, im Gegenteil ist ihm zumeist am Wegfall seiner fortbestehenden Haftung gelegen.

412 Vom Bundesgerichtshof nicht entschieden ist die gegenseitige Bevollmächtigung zur Abgabe der Kündigungserklärung. Er sieht insoweit die Gefahr einer „Selbstentrechtung". Im geschäftlichen Verkehr, zu dessen Erleichterung das Handeln für einen anderen beiträgt, erscheint diese Befürchtung nicht angebracht.

413 Die Übermittlung der Kündigung an den Mieter, der zwischenzeitlich verschwunden ist, erfordert Formalitäten, die für einen Laien kaum nachzuvollziehen sind. Das OLG Frankfurt bemüht sich um eine Erleichterung, sofern einer von mehreren Mietern im Zeitpunkt der Kündigung unbekannten Aufenthalts ist. An der Einheitlichkeit der Kündigung gegenüber den mehreren Mietern hält er fest, somit auch an dem Grundsatz, dass jedem von ihnen die Kündigungserklärung zugehen muss. Gleichwohl lässt er es wegen der Umstände des Einzelfalles ausnahmsweise zur Wirksamkeit der Kündigung genügen, dass sie nur dem in den Mieträumen verbliebenen Mieter zugegangen ist.

> OLG Frankfurt/M., RE v. 13. 12. 1990
> – 20 RE Miet 2/90, NJW-RR 1991, 459.

414 Bedingt sich der Vermieter in seinen AGB ein Recht zur außerordentlichen Kündigung bei Vorliegen bestimmter Umstände aus (Zahlungseinstellung, Vermögensverfall), so kann er einen Mietvertrag mit mehreren Mietern nur kündigen, wenn bei allen Mietern der in der Klausel umschriebene Kündigungsgrund besteht. Der Bundesgerichtshof folgert dies aus der Unklarheitenregelung des früheren § 5 AGBG a. F. (jetzt § 305c Abs. 2 BGB).

BGH, Urt. v. 28. 6. 2000 – VIII ZR 240/00,
ZIP 2000, 1493 = NJW 2000, 3133
= WM 2000, 1632 = MDR 2000, 1235;
dazu EWiR 2001, 139 (*Bydlinsky/Thoß*).

i) Kündigung bei Vermieterwechsel wegen Veräußerung des Mietgrundstücks

Häufige Fehlerquelle ist die Kündigung durch den Erwerber, bevor er als Erwerber im Grundbuch eingetragen ist. Sie ist unwirksam, denn er ist noch nicht Vertragspartei. Sie bleibt auch nach Eintragung des Eigentumswechsels im Grundbuch unwirksam. Da die Kündigung bedingungsfeindlich ist, kann der Erwerber auch nicht unter der Bedingung des bevorstehenden Eigentumswechsels kündigen. **415**

OLG Hamm, Urt. v. 26. 11. 1991 – 7 U 121/91,
NJW-RR 1993, 273.

Der Veräußerer kann den Erwerber bevollmächtigen, in seinem Namen zu kündigen; er kann ihn auch ermächtigen, im eigenen Namen zu kündigen. **416**

BGH, Urt. v. 10. 12. 1997 – XII ZR 119/96,
ZfIR 1998, 135 = NJW 1998, 896;
dazu EWiR 1998, 249 (*Sternel*);

BGH, Urt. v. 11. 9. 2002 – XII ZR 187/00,
NJW 2002, 3389 = NZM 2002, 950
= MDR 2003, 81;
dazu EWiR 2002, 951 (*H.-G. Eckert*).

Die vom Veräußerer ausgesprochene Kündigung bleibt wirksam, auch wenn der Endtermin in die Zeit nach dem Eigentumswechsel fällt. **417**

Kündigt der Mieter in Unkenntnis des Vermieterwechsels gegenüber dem Veräußerer, so wirkt die Kündigung nach dem Rechtsgedanken der §§ 407, 412 BGB gegen den Erwerber. **418**

BGH, Urt. v. 28. 11. 2001 – XII ZR 197/99,
NZM 2002, 291.

j) Kündigung nach Übergang der Verwaltungs- und Verfügungsbefugnis

Nach Anordnung der Beschlagnahme des Grundstücks zur Zwangsverwaltung oder Eröffnung des Insolvenzverfahrens über eine Vertragspartei ist zur Kündigung und Entgegennahme der Kündigung nur noch der Zwangs- bzw. Insolvenzverwalter befugt. Im vorläufigen Insolvenzverfahren gilt dies nur, wenn das Insolvenzgericht einen vorläufigen Verwalter mit Verwaltungs- und Verfügungsbefugnis (§ 22 InsO) bestellt hat. Auch bei Anordnung eines Zustimmungsvorbehalts (§ 21 Abs. 2 Nr. 2 InsO) bleibt der Schuldner zur Kündigung berechtigt. **419**

2. Außerordentliche Kündigung aus wichtigem Grund

a) Zahlungsverzug des Mieters

420 § 543 Abs. 2 Satz 1 Nr. 3b BGB findet keine Anwendung, wenn die Parteien sich über die Höhe der Mietrückstände in einem Vergleich einigen und der Mieter die zwei Monatsmieten übersteigende Vergleichssumme nicht zahlt.

> OLG München, Urt. v. 9. 12. 2002 – 15 U 2940/02,
> NZM 2003, 554.

421 Probleme bereitet die Rechtskraft eines Zahlungsprozesses, den der Vermieter vor dem Räumungsprozess gegen den Mieter geführt hat. Hat das vor der Räumungsklage mit der Zahlungsklage befasste Gericht für den Verzugszeitraum, den der Vermieter der späteren fristlosen Kündigung zugrunde legt, nur einen unter den Grenzen des § 543 Abs. 2 Nr. 3 BGB liegenden Zahlungsanspruch anerkannt, so soll es dem Vermieter nach Ansicht des OLG Köln wegen der Rechtskraftwirkung im Räumungsprozess verwehrt sein, die Kündigung auf einen höheren als den zuvor zuerkannten Rückstand zu stützen.

> OLG Köln, Urt. v. 4. 2. 2000 – 1 U 92/99,
> ZfIR 2000, 360 = ZMR 2000, 459.

422 Die auf Zahlungsverzug gestützte fristlose Kündigung wird unwirksam, wenn der Mieter unverzüglich gegen die Mietforderung aufrechnet (§ 543 Abs. 2 Satz 3 BGB). Die Aufrechnungslage genügt nicht, der Mieter muss unverzüglich nach Zugang der Kündigung die Aufrechnung erklären. Verspätet ist daher die erstmalige Aufrechnungserklärung in dem Schriftsatz, in dem der Mieter die Abweisung der Räumungsklage beantragt.

423 Die Wirkung des § 543 Abs. 2 Satz 3 BGB kann nicht eintreten, wenn laut Mietvertrag die Aufrechnung gegen die Mietforderung eine vorherige Ankündigung voraussetzt; die Aufrechnungserklärung mag die Ankündigung darstellen, sie kann indessen nicht „unverzüglich" die Mietforderung erlöschen lassen.

> OLG Rostock, Beschl. v. 5. 3. 1999 – 3 U 80/98,
> NZM 1999, 1006.

b) Schwerwiegende Vertragsverletzung

424 Ständige unpünktliche Mietzahlungen, ohne dass die in § 554 Abs. 1 BGB a. F. bzw. § 543 Abs. 2 Nr. 3 BGB n. F. umschriebenen Rückstände erreicht werden, beschäftigen die Rechtsprechung nach wie vor. Der Bundesgerichtshof,

> BGH, Urt. v. 23. 9. 1987 – VIII ZR 265/86,
> WM 1988, 62 = NJW-RR 1988, 77;
> dazu EWiR 1988, 35 (*H.-G. Eckert*);

BGH, Urt. v. 6. 11. 1996 – XII ZR 60/95,
WM 1997, 540,

hat hierzu entschieden, dass in solchen Fällen der Vermieter nach § 554a BGB a. F. das Mietverhältnis fristlos kündigen kann, wenn für ihn infolge der ständigen verzögerten Mietzins- oder Nebenkostenzahlungen die Fortsetzung des Mietverhältnisses unzumutbar geworden ist.

Zur Zumutbarkeitsgrenze – Höhe und Zeitraum der vom Mieter zu vertre- **425**
tenden Verspätungen und Rückstände

OLG Hamm, Urt. v. 3. 12. 1991 – 7 U 145/91,
NJW-RR 1993, 1163 (rkr. nach Nichtannahmebeschl. des BGH v. 7. 4. 1993 – VIII ZR 16/92,
nicht veröffentlicht);

OLG Düsseldorf, Urt. v. 23. 5. 1991 – 10 U 119/90,
NJW-RR 1991, 1353;

OLG Düsseldorf, Urt. v. 16. 1. 1992 – 10 U 128/91,
ZMR 1992, 192;

OLG Koblenz, Urt. v. 13. 10. 1992 – 3 U 637/92,
NJW-RR 1993, 583;

OLG Karlsruhe, Urt. v. 10. 12. 2002 – 17 U 97/02,
NJW-RR 2003, 945 = NZM 2003, 513.

Ständig verspätete Mietzahlungen rechtfertigen auch dann die fristlose **426**
Kündigung, wenn der Mieter die Zahlungsrückstände jeweils vor dem nächsten Zahlungstermin ausgeglichen hatte.

OLG Rostock, Urt. v. 7. 10. 2002 – 3 U 90/02,
OLGR 2003, 30.

Sind die Rückstände jedoch im Zeitpunkt der Kündigung ausgeglichen und **427**
zahlt der Mieter wieder pünktlich, so entfällt das Kündigungsrecht.

OLG Hamm, Urt. v. 26. 11. 1991 – 7 U 121/91,
NJW-RR 1993, 273.

Die fristlose Kündigung kann gerechtfertigt sein, wenn der Mieter trotz **428**
mehrfacher Mahnung die Kaution nicht einzahlt.

OLG Celle, Urt. v. 23. 4. 1997 – 2 U 118/96,
NZM 1998, 265;

OLG München, Beschl. v. 17. 4. 2000 – 3 W 1332/00,
NZM 2000, 908 = ZMR 2000, 528.

Die Abweisung einer früheren, auf eine fristlose Kündigung gestützten **429**
Räumungsklage hindert den Vermieter nicht, eine erneute Kündigung und die Räumungsklage damit zu begründen, dass der Mieter das vertragswidrige, zuvor abgemahnte Verhalten nach der letzten mündlichen Verhandlung des Vorprozessen fortgesetzt habe; die neue Kündigung kann der Vermieter auch mit solchen Tatsachen rechtfertigen, die während des Vorprozesses objektiv vorlagen, ihm aber noch nicht bekannt waren.

BGH, Urt. v. 10. 9. 1997 – XII ZR 222/95,
ZIP 1997, 2010 = NJW 1998, 374;
dazu EWiR 1998, 285 (*Dauner-Lieb*).

c) Außerordentliche Kündigung aus sonstigem wichtigen Grund

430 Trotz der weit gefassten Generalklausel in § 543 Abs. 1 BGB wird eine schwere Erkrankung des Mieters, die ihn an der Nutzung des Mietobjekts hindert, nicht die außerordentliche Kündigung des Mietverhältnisses rechtfertigen; das Verwendungsrisiko trägt allein der Mieter (§ 537 Abs. 1 BGB n. F.).

Vgl. OLG Düsseldorf, Urt. v. 6. 6. 2000 – 24 U 186/99,
NZM 2001, 669.

431 Der Pächterwechsel infolge Umwandlung (§ 20 Abs. 1 Nr. 1 UmwG) allein rechtfertigt nicht die außerordentliche Kündigung des Verpächters aus wichtigem Grund. Denkbar ist sie jedoch, wenn die Umwandlung zu einer konkreten Gefährdung der Ansprüche des insoweit darlegungs- und beweisbelasteten Verpächters führt.

BGH, Urt. v. 26. 4. 2002 – LwZ 20/01,
NJW 2002, 2168 = NZM 2002, 660
= MDR 2002, 1055.

432 Der Vermögensverfall des Vermieters und die Ablehnung der Eröffnung des Insolvenzverfahrens über sein Vermögen, berechtigen den Mieter nicht zur außerordentlichen Kündigung des Mietverhältnisses.

BGH, Urt. v. 23. 1. 2002 – XII ZR 5/00,
NZM 2002, 524.

433 Selbst die Löschung der Vermieter-GmbH stellt keinen Kündigungsgrund dar.

BGH, Urt. v. 10. 4. 2002 – XII ZR 37/00,
NZM 2002, 525.

434 Ein von den Parteien vereinbartes Sonderkündigungsrecht des Mieters („bei Wegfall des Bedarfs“) ist restriktiv auszulegen.

BGH, Urt. v. 23. 10. 2002 – XII ZR 202/99,
NZM 2003, 62.

435 Das Recht zur fristlosen Kündigung wegen gesundheitsgefährdender Beschaffenheit der Mieträume (§ 569 Abs. 1 BGB) steht auch dem gewerblichen Zwischenvermieter von Wohnräumen als Mieter gegenüber dem Hauptvermieter zu.

BGH, Urt. v. 17. 12. 2003 – XII ZR 308/00,
ZfIR 2004, 524 = NJW 2004, 848
= NZM 2004, 222 = MDR 2004, 500;
dazu EWiR 2004, 425 (*H.-G. Eckert*).

XI. Abwicklung des Mietverhältnisses

1. Rückgabe der Mietsache

a) Selbsthilfe des Vermieters

Mietverträge über bewegliche Sachen, insbesondere Kraftfahrzeugmietverträge, sehen häufig das Recht des Vermieters vor, bei Rückgabeverzug die Mietsache abzuholen und gegen den Willen des Mieters an sich zu nehmen. Zwar hat der Mieter nach Vertragsende kein Recht mehr, die Sache zu nutzen und zu besitzen. Gleichwohl gehören der Besitzschutz (§ 858 BGB) und die Reduzierung des Selbsthilferechts auf Fälle, in denen obrigkeitliche Hilfe nicht zu erlangen ist (§ 229 BGB), zu den wesentlichen Grundsätzen des bürgerlichen Rechts. Selbsthilfeklauseln sind daher grundsätzlich unwirksam. **436**

> OLG Hamm, Urt. v. 20. 12. 1991 – 30 U 93/91, NJW-RR 1992, 502.

Von der vollständigen Rückgabeverweigerung sind jedoch die Fälle der weitgehenden Rückgabe oder Räumung unter Zurücklassung wertloser oder allenfalls geringwertiger Sachen im Mietobjekt zu unterscheiden. Grundsätzlich trifft den Vermieter eine Obhutspflicht hinsichtlich der zurückgelassenen Gegenstände. Was er tun muss, um sich richtig zu verhalten, ist schwer abzuschätzen. Eine Klausel, die den Vermieter berechtigt, bei Rückgabe im Mietobjekt zurückgelassene Sachen zu entfernen, ist daher hinzunehmen. Die nachvertragliche Obhutspflicht des Vermieters gehört nicht in einem solchen Maß zum Leitbild des Mietvertrages, dass ihr Ausschluss unangemessen wäre. Anderer Ansicht ist jedoch das OLG Hamburg. **437**

> OLG Hamburg, Urt. v. 21. 9. 1988 – 5 U 216/87, NJW-RR 1989, 881, 883.

b) Rückgabe der Mietsache durch mehrere Mieter

Es besteht ein Rechtsschutzinteresse, auch denjenigen von mehreren Mietern auf Rückgabe zu verklagen, der seinerseits den Besitz aufgegeben hat oder aus den Mieträumen ausgezogen ist. Der Rückgabeanspruch gemäß § 546 Abs. 1 BGB ist auf eine unteilbare Leistung gerichtet; er ist auch gegen den Mieter begründet, der im Gegensatz zu dem anderen den Besitz an der Mietsache endgültig aufgegeben hat. Die mehreren Mieter haften als Gesamtschuldner. **438**

> BGH, Urt. v. 29. 10. 1975 – VIII ZR136/74, BGHZ 65, 226 = NJW 1976, 287.

Durch bloße Besitzaufgabe eines von mehreren Mietern erlangt der Vermieter keinen unmittelbaren Besitz, also ist der Rückgabeanspruch nicht erfüllt. Objektiv unmöglich ist dem Mieter, der bereits ausgezogen ist, die Rückga- **439** be nicht. Er kann auf denjenigen einwirken, der noch im Besitz der Mietsache ist.

> BGH, Beschl. v. 22. 11. 1995 – VIII ARZ 4/95,
> BGHZ 131, 176 = ZIP 1996, 286
> = NJW 1996, 515;
> dazu EWiR 1996, 57 (*H.-G. Eckert*).

c) Vollstreckung des Räumungstitels

440 Vollstreckungsschuldner ist nur die im Räumungstitel bezeichnete natürliche oder juristische Person. Der Titel gegen den Mieter lässt nur die Zwangsvollstreckung gegen ihn zu, jedoch nicht gegen Untermieter oder Mitbesitzer.

> BGH, Beschl. v. 15. 7. 1998 – XII ZR 185/98,
> NZM 1999, 665;
>
> BGH, Beschl. v. 14. 2. 2003 – IXa ZB 10/03,
> ZfIR 2003, 1058 (LS) = BGH Report 2003, 707;
>
> BGH, Beschl. v. 18. 7. 2003 – IXa ZB 116/03,
> ZfIR 2003, 879 = NJW-RR 2003, 1450
> = NZM 2003, 802.

441 Die Vollstreckung beschränkt sich darauf, ihn aus dem Besitz zu setzen und den Vermieter in den Besitz einzuweisen. Bewegliche Sachen des Mieters sind von dem Grundstück bzw. aus den Mieträumen wegzuschaffen. Die weitere Erfüllung der Räumungspflicht, d. h. die Entfernung mit dem Grundstück fest verbundener Einrichtungen oder die Wiederherstellung des früheren Zustandes ist nicht mehr gemäß § 885 ZPO Aufgabe des Gerichtsvollziehers. Ob dies durch den Räumungs- und Rückgabetitel gedeckt ist, erscheint ohnehin zweifelhaft.

> OLG Düsseldorf, Beschl. v. 5. 7. 1999 – 3 W 195/99,
> ZMR 1999, 814.

442 Auch bei der gewerblichen Vermietung kann der Schuldner Vollstreckungsschutz gemäß § 765a ZPO beanspruchen. Indessen ist, wie auch bei sonstigen Anträgen auf einstweilige Einstellung der Zwangsvollstreckung, zu beachten, dass der Entzug des Mietgebrauchs und die damit verbundenen wirtschaftlichen Einbußen normale Folgen der Rückgabe des Mietobjekts und nicht unersetzliche Nachteile sind.

> BGH, Beschl. v. 27. 8. 1998 – XII ZR 167/98,
> NZM 1998, 863.

443 Chancenlos ist der räumungs- und zahlungsunwillige Räumungsschuldner nicht. Droht er, ohne psychisch erkrankt zu sein, glaubhaft mit Suizid („Bilanzselbstmord"), falls er das gemietete Ladenlokal räumen muss, so kann dies nach Auffassung des Bundesverfassungsgerichts ein Vollstreckungshindernis begründen.

BVerfG, Beschl. v. 16. 8. 2001 – 1 BvR 1002/01,
NZM 2001, 951 = ZMR 2001, 779.

2. Nutzungsentschädigung wegen Vorenthaltung der Mietsache nach Vertragsende

§ 546a BGB n. F. entspricht im Wesentlichen dem früheren § 557 BGB. Die Neuregelung setzt das Urteil des Bundesgerichtshofs vom 14. Juli 1999 um. 444

BGH, Urt. v. 14. 7. 1999 – XII ZR 215/97,
BGHZ 142, 186 = ZIP 1999, 1395
= ZfIR 2000, 194 = NJW 1999, 2808
= NZM 1999, 803;
dazu EWiR 1999, 991 (*Armbrüster*),

Der Bundesgerichtshof stellt klar, dass der Vermieter als Entschädigung entweder die vereinbarte oder die für vergleichbare Sachen ortsübliche Miete verlangen kann.

a) Vorenthaltung

§ 546a BGB bezweckt, Druck auf den Mieter auszuüben, um ihn zur vertragsgerechten Rückgabe des Mietobjekts anzuhalten. 445

BGH, Urt. v. 22. 3. 1989 – VIII ZR 155/88,
BGHZ 107, 123 = ZIP 1989, 647 (mit Bespr. *Tiedke*, S. 1437)
= NJW 1989, 1730;
dazu EWiR 1989, 549 (*v. Westphalen*).

Vorenthalten bedeutet Rückgabeverzug gegen den Willen des Vermieters. Daher kann sich der Vermieter in seinen AGB nicht ausbedingen, dass der Mieter, der die Mietsache nicht termingerecht zurückgibt, eine Entschädigung in Höhe der vereinbarten Miete schuldet; diese Klausel würde nämlich auch dem nicht rücknahmebereiten Vermieter zu einem Entschädigungsanspruch verhelfen. 446

BGH, Urt. v. 7. 1. 2004 – VIII ZR 103/03,
ZIP 2004, 858 = NJW-RR 2004, 558
= NZM 2004, 351;
dazu EWiR 2004, 271 (*Becher*).

Vorenthalten setzt nicht voraus, dass der Mieter den Rückgabeverzug zu vertreten hat. Er kann sich daher nicht auf die Rückgabeverweigerung seines Untermieters berufen. 447

BGH, Urt. v. 15. 2. 1984 – VIII ZR 213/82,
BGHZ 90, 145 = ZIP 1984, 612
= NJW 1984, 1527.

Vorenthalten nach Vertragsende liegt auch vor, wenn der Mieter dem Vermieter die Mietsache zwar fünf Monate vor Vertragsende zur Rückgabe an- 448 geboten hatte, nicht jedoch in zeitlichem Zusammenhang mit dem Vertragsende.

> OLG Dresden, Urt. v. 20. 6. 2000 – 23 U 403/00,
> NZM 2000, 827 = MDR 2001, 82.

449 Da die Rückgabe im rechtlichen Sinn eine unteilbare Leistung ist, enthält der Mieter auch bei nur teilweiser Räumung das Mietgrundstück insgesamt vor, so dass der Vermieter volle Nutzungsentschädigung geltend machen kann.

> BGH, Urt. v. 11. 5. 1988 – VIII ZR 213/82,
> BGHZ 104, 285 = ZIP 1988, 917
> = NJW 1988, 2665;
> dazu EWiR 1988, 975 (*Weiß*).

450 In diesem Zusammenhang wenden Mieter gern ein, der Vermieter müsse sich zumindest nach § 254 BGB eine Herabsetzung der Nutzungsentschädigung gefallen lassen, weil er die zurückgebliebenen Einrichtungsgegenstände nicht vom Grundstück entfernt habe. Der Bundesgerichtshof lässt diesen Einwand nicht durchgreifen, weil der Anspruch aus § 546a BGB kein Schadensersatzanspruch ist. Der Vermieter ist zwar berechtigt, aber nicht verpflichtet, bei der Rückgabe Teilleistungen anzunehmen. Zur Entfernung zurückgebliebener Sachen ist er jedenfalls nicht befugt.

451 Etwas anderes gilt, wenn weitgehend wertlose Sachen, an denen der Mieter offensichtlich nicht mehr interessiert ist, zurückbleiben. Der Vermieter riskiert, in Gläubigerverzug zu geraten, wenn er die Zurücknahme des Mietobjekts verweigert; der Vermieter wird dann auch berechtigt sein, die zurückgebliebenen Gegenstände zu beseitigen, ohne dass ihm unzulässige Selbsthilfe vorgeworfen werden kann.

> BGH, Urt. v. 10. 1. 1983 – VIII ZR 304/81,
> WM 1983, 233 = NJW 1983, 1049;
>
> BGH, Urt. v. 11. 5. 1988, VIII ZR 213/82,
> BGHZ 104, 285 = ZIP 1988, 917
> = WM 1988, 1277 = NJW 1988, 2665;
> dazu EWiR 1988, 975 (*Weiß*).

452 Es kommt, wie der Bundesgerichtshof ausdrücklich betont, immer auf die Umstände des Einzelfalles an. Der Grat zwischen Annahmeverzug, der Vorenthalten ausschließt, und Vorenthalten der Mietsache ist schmal.

Weitere Beispiele zur unvollständigen Räumung:

> OLG Hamburg, Urt. v. 29. 1. 1995 – 4 U 66/95,
> ZMR 1996, 259 = NJWE-MietR 1996, 156;
>
> OLG Hamm, Urt. v. 12. 12. 1995 – 29 U 80/95,
> ZMR 1996, 372;
>
> OLG München, Urt. v. 12. 7. 1996 – 21 U 4334/95,
> ZMR 1996, 557.

b) Nutzungsentschädigung

Der Anspruch auf Nutzungsentschädigung gemäß § 546a BGB n. F. ist, wie der Bundesgerichtshof ständig betont, ein vertraglicher Anspruch eigener Art, der an die Stelle des weggefallenen Mietzinsanspruchs tritt, ohne die Geltendmachung weiterer Ansprüche auszuschließen. 453

Bei Nutzung der Mietsache durch einen von mehreren Miteigentümern will der Bundesgerichtshof vorrangig Gemeinschaftsrecht anwenden. Die Beendigung der Nutzungsvereinbarung, so führt er aus, löse keinen mietrechtlichen Rückgabeanspruch aus. Da grundsätzlich die Nutzung eines Grundstücks durch einen der mehreren Eigentümer nicht zur Entschädigung der anderen Teilhaber verpflichte, könne § 546a BGB n. F. nicht eingreifen; der Ausgleich erfolge gemäß § 745 Abs. 2 BGB. 454

BGH, Urt. v. 15. 9. 1997 – II ZR 94/96,
ZIP 1997, 2049 = ZfIR 1997, 726
= NJW 1998, 372 = ZMR 1998, 26.

Dieser Auffassung zufolge kann der Miteigentümer, dem die Gemeinschaft das Grundstück nicht weiter zur Nutzung belassen will, es vorerst uneingeschränkt weiter nutzen, ohne zumindest ein Entgelt in der zuvor vereinbarten Höhe zu schulden. Von der Interessenlage her ist diese Privilegierung des Miteigentümers nicht verständlich. 455

Dazu *Gerber*, ZIP 1998, 1196.

Ist während des Mietverhältnisses das Mietniveau gefallen, so schuldet der Mieter gleichwohl die Nutzungsentschädigung in Höhe des vereinbarten Mietzinses. Der vor Vertragsende wegen eines Sachmangels nach § 536 BGB geminderte Mietzins ist weiterzuzahlen. Hingegen sinkt die Nutzungsentschädigung gemäß § 546a BGB n. F. nicht, wenn das Mietobjekt erst nach Vertragsbeendigung mangelhaft wird. 456

BGH, Urt. v. 21. 2. 1990 – VIII ZR 116/89,
= NJW-RR 1990, 884.

Soweit der Mieter den Mietzins zuzüglich Umsatzsteuer schuldet, gilt dies auch für die Entschädigung nach § 546a BGB n. F., weil steuerrechtlich ein Leistungsaustausch vorliegt. 457

BGH, Urt. v. 11. 5. 1988 – VIII ZR 213/82,
BGHZ 104, 285 = ZIP 1988, 917
= NJW 1988, 2665;
dazu EWiR 1988, 975 (*Weiß*);

BGH, Urt. v. 22. 3. 1989 – VIII ZR 155/88,
ZIP 1989, 647 = NJW 1989, 1730;
dazu EWiR 1989, 549 (*v. Westphalen*);

BGH, Urt. v. 6. 12. 1995 – XII ZR 228/93,
NJW-RR 1996, 460;
dazu EWiR 1996, 255 (*Sternel*);

BGH, Urt. v. 22. 10. 1997 – XII ZR 142/97,
NZM 1998, 192 = MDR 1998, 9;

Erlass des Bundesfinanzministers v. 15. 7. 1981,
BB 1981, 1447.

458 Ob der Rückgabeanspruch ohne den Anspruch auf Nutzungsentschädigung wegen Vorenthaltung der Mietsache gemäß § 546a BGB n. F. und umgekehrt letzterer ohne den Rückgabeanspruch abgetreten werden können, ist nach Auffassung des Bundesgerichtshofs zweifelhaft. Jedenfalls wirkt ein etwaiger Verzicht des Vermieters im Zweifel nicht gegen den Erwerber, dem der Vermieter den Rückgabeanspruch abgetreten hatte.

BGH, Urt. v. 13. 1. 1999 – XII ZR 208/96,
NZM 1999, 371.

459 Obwohl das Ende der Vorenthaltung nicht abzusehen ist, ist bei Rückgabeverweigerung die Verurteilung zur zukünftigen Zahlung einer monatlichen Nutzungsentschädigung bis zur Rückgabe zulässig.

BGH, Urt. v. 20. 11. 2002 – VIII ZR 66/02,
NJW 2003, 1395 = NZM 2003, 231.

XII. Untermiete

1. Erlaubnis des Vermieters

Grundsätzlich ist bei der gewerblichen Miete der Vermieter nicht verpflichtet, dem Mieter die Untervermietung zu gestatten. Ob dieser die Sache während der gesamten Vertragszeit entsprechend seinen bei Vertragsschluss bestehenden Erwartungen nutzen kann, ist sein Risiko. Eine Ausnahme von diesem Grundsatz gilt nach § 46 SchuldRAnpG für bestimmte Verträge in den neuen Bundesländern, wenn der „Nutzer" auf dem Grundstück bis 2. Oktober 1990 mit Billigung staatlicher Stellen ein Wohn- und gewerblichen Zwecken dienendes Bauwerk errichtet, mit dem Bau begonnen oder ein solches Bauwerk vertraglich vom vorherigen Nutzer übernommen hat. Den Belangen des Mieters trägt § 540 Abs. 1 Satz 2 BGB Rechnung, indem er ihm für den Fall der grundlosen Verweigerung der Erlaubnis (d. h., wenn nicht in der Person des vorgesehenen Untermieters ein wichtiger Grund vorliegt) ein Recht zur außerordentlichen Kündigung zubilligt. 460

Die häufige vorformulierte Klausel, der Mieter sei nur mit Zustimmung des Vermieters zur Untervermietung berechtigt, wiederholt nur die gesetzliche Regelung und hat keine weitergehende Wirkung als § 540 Abs. 1 Satz 1 BGB, belässt somit dem Mieter das Sonderkündigungsrecht des Mieters bei grundloser Verweigerung der Untermieterlaubnis. Eine Klausel, die das Kündigungsrecht ausschließt, hat der Bundesgerichtshof in einem Leasingvertrag gebilligt. Seine Argumentation ist vorrangig auf die typische Vertragsgestaltung des Leasings zugeschnitten; gleichwohl führt der Senat allgemein aus, dass der Vermieter es auch bei Abschluss eines Formularvertrages in der Hand haben sollte, die Art und Weise des Mietgebrauchs in jeder Hinsicht festzulegen. 461

> BGH, Urt. v. 4. 7. 1990 – VIII ZR 288/89,
> ZIP 1990, 1133 = WM 1990, 1620
> = NJW 1990, 3016;
> dazu EWiR 1990, 971 (*H.-G. Eckert*).

Im Bereich der Geschäftsraummiete hält der XII. Zivilsenat des Bundesgerichtshofs den formularmäßigen Ausschluss des Sonderkündigungsrechts für unangemessen, wenn eine Untervermietung nach der Vertragsgestaltung zwar nicht untersagt ist, der Vermieter jedoch die Erlaubnis nach Belieben verweigern kann. 462

> BGH, Urt. v. 24. 5. 1995 – XII ZR 172/94,
> ZIP 1995, 1091 = NJW 1995, 2034;
> dazu EWiR 1995, 751 (*H.-G. Eckert*).

Gerade bei der Geschäftsraummiete, so führt er aus, bei der langfristige Verträge üblich seien und das Risiko für den geschäftlichen Erfolg allein der Mieter zu tragen habe, sei dessen Interesse anzuerkennen, durch Untervermietung Verluste abzuwenden, die ihm bei unvorhergesehenen wirt- 463 schaftlichen Entwicklungen wegen nicht mehr sinnvoller Nutzbarkeit der Räume drohten. Die Belange des Vermieters würden nach der gesetzlichen Regelung dadurch hinreichend berücksichtigt, dass der Mieter nicht vorzeitig kündigen könne, wenn in der Person des Untermieters ein wichtiger Grund für die Versagung der Untervermieterlaubnis vorliege.

464 Bei der Pacht ist das Sonderkündigungsrecht wegen Verweigerung der Erlaubnis zur Untervermietung nach § 584a Abs. 1 BGB ausgeschlossen. Das OLG Düsseldorf hatte in dem der Entscheidung des Bundesgerichtshofs vorausgegangenen Berufungsurteil seine entgegengesetzte Ansicht auf diese Regelung gestützt.

> OLG Düsseldorf, Urt. v. 27. 6. 1994– 10 U 152/93,
> BB 1994, 1521,

465 Auch der Bundesgerichtshof bezieht sie in seine Argumentation ein: Bei der Pacht könne der Pächter nicht damit rechnen, auf eine Unterverpachtung ausweichen zu können, während der Mieter erwarten könne, dass ihm die Untervermietung gestattet werde, sofern nicht berechtigte Gründe in der Person des Untermieters entgegenstehen. Wenn der Vermieter die Untervermieterlaubnis nach freiem Belieben sanktionslos verweigern könne, bestehe die Gefahr, dass er für die Erlaubnis zusätzliche Leistungen fordere. Der ausgewogene Interessenausgleich der gesetzlichen Regelung werde empfindlich gestört, wenn der Mieter bei Versagung der – nicht von vornherein ausgeschlossenen – Untervermieterlaubnis an den Vertrag gebunden bleibe.

466 Nach dem Urteil des Bundesgerichtshofs vom 24. Mai 1995 dürfte demnach eine Formularklausel, die eine der Pacht ähnliche Situation schafft und dem Mieter von vornherein die Untervermietung verbietet – also erst keine Hoffnung aufkommen lässt –, der Inhaltskontrolle standhalten.

467 Zweifelsfrei unangemessen benachteiligt wird der Mieter durch eine Klausel, in der sich der Vermieter ausbedingt, die einmal erteilte Erlaubnis jederzeit ohne Grund widerrufen zu dürfen; sie hindert den Mieter, im Rahmen der Untervermietung disponieren zu können.

> BGH, Urt. v. 11. 2. 1987 – VIII ZR 56/86,
> ZIP 1987, 517 = NJW 1987, 1692;
> dazu EWiR 1987, 557 (*H.-G. Eckert*).

468 Verweigert der Vermieter die Erlaubnis zur Untervermietung, so macht er sich hierdurch, sofern er nicht ausnahmsweise aufgrund der besonderen Vertragsgestaltung zur Erteilung der Erlaubnis verpflichtet war, nicht schadensersatzpflichtig. Der Mieter kann kündigen; weitere Rechte hat er nicht. Die gesetzliche Regelung ist eindeutig.

> OLG Düsseldorf, Urt. v. 29. 4. 1993 – 10 U 179/92,
> EWiR 1993, 755 (*H.-G. Eckert*).

Trotz Untervermieterlaubnis braucht der Vermieter eine weitere Untervermietung durch den Untermieter nicht zu dulden; er kann das Mietverhältnis nach Abmahnung fristlos kündigen, wenn der Mieter die unerlaubte Untervermietung durch seinen Untermieter nicht verhindert. 469

> OLG Hamm, Urt. v. 17. 1. 1992 – 30 U 36/91,
> NJW-RR 1992, 783.

Enthält der Hauptmietvertrag keine Regelung über die Zulässigkeit einer Untervermietung und schließt der Hauptmieter einen Untermietvertrag ab, ohne zuvor die nach § 540 Abs. 1 BGB erforderliche Erlaubnis des Hauptvermieters einzuholen, so hat der Hauptmieter grundsätzlich dafür einzustehen, dass die Erlaubnis nachträglich erteilt wird. Ein Rechtsmangel entsteht allerdings erst dann, wenn der Hauptvermieter die Erlaubnis verweigert und seine Rechte in einer Weise geltend macht, die zu einer Beeinträchtigung des Gebrauchs durch den Untermieter führt. 470

Die Gewährleistung wegen eines solchen Rechtsmangels ist nach der Rechtsprechung des Bundesgerichtshofs zum alten Recht nach §§ 541, 539 BGB a. F. (§§ 536, 536b Satz 1 BGB n. F.) wegen Kenntnis des Mieters nicht schon dann ausgeschlossen, wenn der Untermieter bei Abschluss des Untermietvertrages wusste, dass die Erlaubnis zur Untervermietung erforderlich und noch nicht erteilt war. Kenntnis von dem Rechtsmangel i. S. d. §§ 536, 536b Satz 1 BGB hatte der Untermieter danach nur, wenn er sich darüber im Klaren ist, dass der Hauptvermieter sein Recht möglicherweise geltend machen wird und wenn er das Risiko, das damit für ihn verbunden ist, bewusst in Kauf nimmt. 471

> BGH, Urt. v. 4. 12. 1995 – XII ZR 215/94,
> WM 1995, 2195 = ZMR 1996, 15
> = NJW 1996, 46;
> dazu EWiR 1996, 159 (*Sternel*).

Ob diese Rechtsprechung zum neuen Recht uneingeschränkt aufrechterhalten werden kann, erscheint fraglich, weil nun (anders als beim alten Recht) nicht nur positive Kenntnis von dem Rechtsmagel schadet, sondern auch grob fahrlässige Unkenntnis. 472

Bei unberechtigter Untervermietung (ohne Erlaubnis des Vermieters) hat der Vermieter (auch) keinen gesetzlichen Anspruch auf Zahlung eines Untermietzuschlages oder auf Herausgabe des von dem Mieter durch die Untervermietung erzielten Mehrerlöses. 473

> BGH, Urt. v. 13. 12. 1995 – XII ZR 194/93,
> BGHZ 131, 297 = ZIP 1996, 232
> = NJW 1996, 838;
> dazu EWiR 1996, 253 (*H.-G. Eckert*).

Von einer Untervermietung zu unterscheiden ist die schlichte Beteiligung eines Dritten an dem vertragsgemäßen Gebrauch der Mietsache (z. B. Auf- 474 nahme eines zusätzlichen Sozius). Diese zu dulden kann der Vermieter je nach Interessenlage verpflichtet sein.

2. Haftung des Mieters für die Beschädigung oder Zerstörung der Mietsache durch den Untermieter

475 § 540 Abs. 2 BGB sichert den Vermieter insofern ab, als der Mieter ihm gegenüber jedes Verschulden des Untermieters zu vertreten hat. Der Wortlaut der Vorschrift ist eindeutig. Er unterscheidet nicht zwischen Vorsatz und Fahrlässigkeit und enthält auch sonst keine Einschränkungen.

476 Gleichwohl treten Teile des Schrifttums dafür ein, die Haftung des Mieters in der Weise einzugrenzen, dass er nur das typische Gebrauchsrisiko zu tragen hat, er also nur für solche Schäden haften soll, die in Zusammenhang mit dem Mietgebrauch entstehen. Auch wird die Haftung des Mieters für vorsätzliches schädigendes Verhalten des Untermieters abgelehnt.

Vgl. die Nachweise bei *Wolf/Eckert/Ball*, Rz. 1218.

477 Der Bundesgerichtshof weist einen Ausschluss der Haftung des Mieters für vorsätzliches Verhalten des Untermieters zurück.

BGH, Urt. v. 17. 10. 1990 – VIII ZR 213/89,
BGHZ 112, 307 = ZIP 1990, 1480
= WM 1991, 106 = NJW 1991, 489;
dazu EWiR 1991, 33 (*H.-G. Eckert*);

so auch
OLG München, Urt. v. 5. 2. 1986 – 7 U 490/85,
NJW-RR 1987, 727.

Der Fall betraf einen extremen Exzess des Untermieters; dieser hatte in den Mieträumen vorsätzlich eine Explosion ausgelöst. Es kommt allein darauf an, so die knappe Begründung des Senats, ob es sich um ein Verschulden des Untermieters „bei dem Gebrauch“ der Mietsache handelt oder nicht. Sind ihm die Räume überlassen, so gehört der Aufenthalt in den Räumen zu ihrem Gebrauch. Alles was der Dritte in den Räumen tut, geschieht folglich „bei dem Gebrauch“. Die Ausführungen des Bundesgerichtshofs betreffen nur das schädigende Verhalten des Untermieters in den Mieträumen; schädigende Einwirkungen von außen oder in nicht vermieteten, aber zwangsläufig mitbenutzten Teilen des Mietgrundstücks waren nicht zu beurteilen.

3. Vorenthaltung nach Beendigung des Hauptmietverhältnisses

478 Nach Beendigung des Untermietverhältnisses steht dem Hauptmieter gegen den Untermieter kein Anspruch auf Nutzungsentschädigung nach § 546a Abs. 1 BGB (mehr) zu, wenn auch das Hauptmietverhältnis beendet ist. Denn nach Beendigung des Hauptmietverhältnisses hat der Hauptmieter keine eigene Nutzungsberechtigung mehr. Allerdings kommt ein Anspruch

des Hauptmieters/Untervermieters auf Ersatz des Verzugsschadens (§ 286 BGB) in Betracht, wenn der Untermieter die Mietsache nicht rechtzeitig an ihn (§ 546 Abs. 1 BGB) oder an den Hauptvermieter (§ 546 Abs. 2 BGB) herausgibt.

BGH, Urt. v. 4. 10. 1995 – XII ZR 215/94,
ZMR 1996, 15 = NJW 1996, 46;
dazu EWiR 1996, 159 (*Sternel*).

4. Ansprüche zwischen Hauptvermieter und Untermieter

479 Zwischen Hauptvermieter und Untermieter bestehen keine vertraglichen Ansprüche; der Untermieter ist nicht in den Schutzbereich des Hauptmietvertrages einbezogen, auch nicht bei erlaubter Untervermietung.

BGH, Urt. v. 15. 2. 1978 – VIII ZR 47/77,
BGHZ 70, 327 = NJW 1978, 883;

BGH, Urt. v. 20. 12. 1978 – VIII ZR 69/78,
WM 1979, 307.

480 Das bedeutet z. B., dass der Untermieter gegen den Hauptvermieter keinen Anspruch auf Beseitigung aufgetretener Mängel und dass umgekehrt der Hauptvermieter, wenn er Erhaltungsmaßnahmen durchführen will, keinen Duldungsanspruch gegen den Untermieter hat. Einen solchen Duldungsanspruch gegen den Untermieter hat eventuell der Hauptmieter und von ihm – seinem Vertragspartner – kann der Hauptvermieter verlangen, dass er ihn durchsetzt.

481 Der Untermieter schuldet dem Hauptvermieter Schadensersatz nach § 823 BGB, wenn er die Mietsache schuldhaft beschädigt. Er kann u. U. gegen den Hauptvermieter Verwendungsersatzansprüche geltend machen, zwar nicht nach § 536a Abs. 2 BGB, aber wegen ungerechtfertigter Bereicherung oder Geschäftsführung ohne Auftrag.

482 Problematisch ist, welche Verjährungsregel im Verhältnis zwischen Hauptvermieter und Untermieter gilt. Kann § 548 Abs. 1 BGB mangels vertraglicher Beziehungen nicht eingreifen, so verjährt der deliktische Anspruch des Vermieters gegen den Untermieter nach § 199 Abs. 2–4 BGB n. F. erst in 10 bzw. 30 Jahren, obwohl der inhaltsgleiche Anspruch des Vermieters gegen den Mieter nach § 548 Abs. 1 BGB in sechs Monaten nach Rückgabe der Mietsache verjährt. Hat der Untermieter dem Mieter die Sache zurückgegeben, kann er Schadensersatzansprüche des Mieters – seines Vertragspartners – wegen Verschlechterung der Mietsache nach sechs Monaten mit der Verjährungseinrede abwehren, nicht aber gleiche Forderungen des Vermieters. Entsprechendes gilt für den Verwendungsersatz. Der Untermieter, der seine Forderung gegen seinen Vertragspartner hat verjähren lassen, kann gleichwohl noch den Hauptvermieter in Anspruch nehmen, sofern die Anspruchsvoraussetzungen im Übrigen erfüllt sind. Auch muss der Vermieter

damit rechnen, dass trotz Verjährung der Verwendungsersatzforderung des Mieters der Untermieter gegen ihn vorgehen kann.

483 Eine allgemeingültige Lösung ist bisher nicht gefunden worden und auch kaum zu finden. Die Rechtsprechung hat einige Einzelfälle entschieden.

484 Jedenfalls wendet der Bundesgerichtshof die Verjährungsregelung des § 548 Abs. 1 BGB auf den Beseitigungsanspruch (§ 1004 BGB) des Eigentümers an, der nicht selbst vermietet, aber die Vermietung durch einen anderen gestattet hat, sowie auf den Schadensersatzanspruch des Hauptvermieters für den Fall, dass der Eigentümer oder Hauptvermieter die (Unter-)Vermietung gestattet hat.

> BGH, Urt. v. 21. 3. 1997 – V ZR 217/95,
> ZIP 1997, 985 = ZfIR 1997, 340
> = NJW 1997 1983;
> dazu EWiR 1997, 587 (*H.-G. Eckert*),
> unter Hinweis auf
> BGH, Urt. v. 29. 3. 1978 – VIII 220/76,
> BGHZ 71, 175 = NJW 1978, 1426;
>
> BGH, Urt. v. 11. 12. 1991 – XII ZR 269/90,
> BGHZ 116, 293 = ZIP 1992, 184
> = NJW 1992, 1820;
> dazu EWiR 1992, 657 (*H.-G. Eckert*).

485 Der Eigentümer, so die Begründung, rechne nämlich damit oder wisse, dass seine Sache von dem Dritten aufgrund Mietvertrags genutzt werde, und ermögliche ihre Überlassung an den Dritten. Aus der Sicht des Mieters sei die Personenverschiedenheit zwischen Vermieter und Eigentümer zufällig. Sei das Verhältnis zwischen Eigentümer und Vermieter auf den Mietvertrag zwischen Vermieter und Mieter abgestimmt, so müsse sich der Mieter gegenüber Ansprüchen des Eigentümers oder Hauptvermieters auf die mietvertragliche Verjährung berufen können.

486 Obwohl der Bundesgerichtshof die Einbeziehung des Untermieters in den Schutzbereich des Mietvertrags auch bei erlaubter Untervermietung nach wie vor ablehnt, löst er die Verjährungsfrage (aus nachvollziehbaren praktischen Erwägungen) im Ergebnis so, als würde diese Schutzwirkung bestehen. Schadensersatzansprüche des Hauptvermieters gegen den Untermieter verjähren somit wie die Ansprüche des Untervermieters gegen den Untermieter in der kurzen Verjährungsfrist des § 548 Abs. 1 BGB, wobei die Verjährungsfrist für Ansprüche des Hauptvermieters schon zu laufen beginnt, wenn der Untervermieter die Sache zurückerhält.

487 Hat sich der Hauptvermieter dem Untermieter gegenüber unmittelbar zum Verwendungsersatz verpflichtet, so verjährt der Verwendungsersatzanspruch des Untermieters in sechs Monaten nach Rückgabe gemäß § 548 Abs. 2 BGB. Vgl. zu § 547 BGB a. F.

BGH, Urt. v. 2. 10. 1985 – VIII ZR 326/83,
WM 1985, 1499 = NJW 1986, 254;
dazu EWiR 1985, 955 (*H.-G. Eckert*).

In den Fällen unerlaubter Untervermietung greift diese Rechtsprechung nicht ein Auch in diesen Fällen könnte aber die uneingeschränkte Anwendung des § 199 Abs. 2–4 BGB n. F. – jedenfalls im Einzelfall – zu Härten führen, die kaum hinnehmbar wären. **488**

XIII. Gesellschaftsrechtliche Fragen

1. Gesellschaft als Partei des Mietvertrages

Häufig schließen Gesellschaften des bürgerlichen Rechts gewerbliche Mietverträge ab, und zwar auch auf Mieterseite, insbesondere aber auf Vermieterseite. In der Vergangenheit ergaben sich Probleme daraus, dass nach damaligem Rechtsverständnis nicht die Gesellschaft als solche, sondern die Gesellschafter als Gesamthand berechtigt und persönlich verpflichtet wurden und dass Gesellschafter ausscheiden, hinzukommen oder ersetzt werden können. Es konnte u. a. Unklarheit darüber bestehen, in welcher personellen Zusammensetzung die Gesellschaft jeweils Vertragspartner war bzw. haftete. 489

Vgl. *Kraemer*, in: Bub/Treier, III 1009.

Vertragspartner waren regelmäßig für die gesamte Dauer des Mietvertrages die Gesellschafter, die den Vertrag abgeschlossen hatten. Klagen und verklagt werden konnte nicht die Gesellschaft, sondern konnten nur alle Gesellschafter als notwendige Streitgenossen (bzw. als Gesamtschuldner). 490

Der für Gesellschaftsrecht zuständige II. Zivilsenat des Bundesgerichtshofs hat nun unter Aufgabe der bisherigen Rechtsprechung entschieden, dass die (Außen-)Gesellschaft bürgerlichen Rechts Rechtsfähigkeit besitzt, soweit sie durch Teilnahme am Rechtsverkehr eigene Rechte und Pflichten begründet. Das bedeutet, dass sie mit wechselndem Gesellschafterbestand Vertragspartner werden kann, dass also ihre Stellung als Vertragspartner durch einen Gesellschafterwechsel nicht berührt wird. 491

In diesem Rahmen ist sie im Zivilprozess parteifähig, kann also als Gesellschaft klagen und verklagt werden. 492

Soweit die Gesellschafter für Verbindlichkeiten der Gesellschaft bürgerlichen Rechts persönlich (mit dem eigenen Vermögen) haften, entspricht das Verhältnis zwischen Verbindlichkeit der Gesellschaft und Haftung der Gesellschafter demjenigen bei der OHG. 493

BGH, Urt. v. 29. 1. 2001 – II ZR 331/00,
BGHZ 146, 341 = ZIP 2001, 330 (m. Bespr. *Ulmer*, S. 585)
= NJW 2001, 1056 = WM 2001, 408;
dazu EWiR 2001, 341 (*Prütting*).

Auch nach der neuen Rechtsprechung bleiben zahlreiche Probleme. Sie ergeben sich nicht zuletzt daraus, dass die GbR – anders als z. B. die OHG – keine „Registerpublizität“ hat und dass der Gesellschaftsvertrag formlos geschlossen und geändert werden kann. 494

Probleme bereitet es jedenfalls in vielen Fällen, die GbR im Mietvertrag oder in der Klageschrift eindeutig zu bezeichnen. Die GbR muss keinen Namen und keine Anschrift haben und die Gesellschafter können den Na- 495 men jederzeit formlos ändern. Häufig wird man gezwungen sein, zur Identifizierung der Gesellschaft die Namen der Gesellschafter anzugeben. Gerade dies wollte die neue Rechtsprechung aber vermeiden, weil bei großen Gesellschaften nach der alten Rechtsprechung oft ein Rubrum von vielen Seiten erforderlich war.

496 Erklärungen zu einseitigen Rechtsgeschäften (Kündigung, Ausübung des Optionsrechts) müssen von einem (oder mehreren Gesamt-)Vertretungsberechtigten abgegeben werden. Enthält der Gesellschaftsvertrag keine abweichende Regelung, wird die GbR von allen Gesellschaftern gemeinsam vertreten (§§ 709, 714 BGB). Es müssten also alle Gesellschafter gemeinsam kündigen oder eine entsprechende Vollmacht erteilen. Durch Bevollmächtigte vorgenommene einseitige Rechtsgeschäfte kann der Erklärungsempfänger zurückweisen, wenn ihm nicht eine Vollmachtsurkunde (im Original) vorgelegt wird (§ 174 BGB). Ergibt sich die Vertretungsbefugnis z. B. aus dem Gesellschaftsvertrag, muss der für die GbR Handelnde (anders als ein „organschaftlicher" Vertreter) notfalls den Gesellschaftsvertrag vorlegen, um die mögliche Zurückweisung nach § 174 BGB auszuschließen.

> BGH, Urt. v. 9. 11. 2001 – LwZR 04/01,
> ZIP 2002, 174 = NZM 2002, 125
> = ZMR 2002, 893 = NJW 2002, 1194.

497 Bei gegenüber der GbR abzugebenden Erklärungen genügt dagegen die Abgabe gegenüber einem Gesamtvertreter.

> St. Rspr.: zuletzt
> BGH, Urt. v. 10. 9. 1997 – VIII ARZ 1/97,
> BGHZ 136, 314 = ZIP 1998, 27
> = ZfIR 1997, 650 = ZMR 1998, 17
> = NZM 1998, 22.

498 Ein gegen die GbR erstrittenes Urteil ermöglicht nicht die Zwangsvollstreckung gegen nicht mitverklagte (als Gesamtschuldner haftende) Gesellschafter. Der Versuch einer Vollstreckung in das Gesellschaftsvermögen einer GbR ist oft nicht erfolgreich, weil die GbR kein oder kein nennenswertes Vermögen haben muss, weil vorhandenes Vermögen oft schwer aufzufinden ist und weil die Gesellschaft jederzeit ihren Namen ändern kann. Es empfiehlt sich deshalb, die Gesellschafter oder wenigstens einen oder mehrere (als solvent eingeschätzte) Gesellschafter mitzuverklagen.

499 Bei einer erfolglosen Klage einer GbR, die kein nennenswertes Gesellschaftsvermögen hat, ist der Kostentitel des Beklagten wertlos. Bei Aktivprozessen einer GbR wird deshalb in der Literatur eine Drittwiderklage gegen die Gesellschafter der GbR für zulässig gehalten mit dem Antrag, die als Gesamtschuldner für Verbindlichkeiten der GbR haftenden Gesellschafter im Falle der Abweisung der Klage zu den Kosten zu verurteilen.

> *Kraemer*, NZM 2002, 465, 473 m. N.;
> *Wolf/Eckert/Ball*, Rz. 41.

Ob die Rechtsprechung dies als einen gangbaren Weg ansieht, bleibt abzuwarten. 500

Ausgeschiedene Gesellschafter haften gemäß §§ 736 Abs. 2 BGB, 160 HGB nach ihrem Ausscheiden für fünf Jahre weiter, bei Mietverträgen auch wegen der in diesem Zeitraum fällig werdenden Verbindlichkeiten der GbR (insbesondere der Miete), und zwar nach neuer Rechtsprechung (unter Aufgabe der so genannten Kündigungstheorie) auch dann, wenn der Gläubiger (im Falle der Haftung für die Mietforderung: der Vermieter) vor Ablauf der fünf Jahre hätte kündigen können. 501

BGH, Urt. v. 27. 9. 1999 – II ZR 356/98,
BGHZ 142, 324 = ZIP 1999, 1967
= NJW 2000, 208.

Neu eingetretene Gesellschafter haften nach neuer Rechtsprechung regelmäßig – jedenfalls für Mietschulden – für Altschulden der GbR nicht nur mit dem Gesellschaftsvermögen, sondern auch persönlich. Erwägungen des Vertrauensschutzes gebieten es jedoch, diesen Grundsatz erst auf künftige Fälle anzuwenden. Die seit langem bestehende gefestigte Rechtsprechung des Bundesgerichtshofs, wonach der Neugesellschafter einer GbR für deren Altverbindlichkeiten nicht mit seinem Privatvermögen haftet, hat aufseiten der Neugesellschafter schützenswertes Vertrauen dahin begründet, dass sie für Altverbindlichkeiten nicht mit ihrem Privatvermögen einzustehen haben. Aus der Regelung in § 8 PartGG ergibt sich, dass diese Grundsätze auch gelten für eine GbR, die von Angehörigen freier Berufe gegründet worden ist. 502

BGH, Urt. v. 7. 4. 2003 – II ZR 56/02,
BGHZ 145, 370 = ZIP 2003, 899
= ZVI 2003, 273 = NJW 2003, 1803;
dazu EWiR 2003, 513 (*H. P. Westermann*).

Der Umstand, dass auf Mieter – oder Vermieterseite mehrere Personen den Mietvertrag abschließen, rechtfertigt nicht die Annahme, Vertragspartner werde eine GbR. Soll die GbR Vertragspartei werden, müssen die für sie Handelnden dem Partner gegenüber klarstellen, dass sie für eine GbR mit u. U. wechselndem Personenbestand abschließen wollen. Andernfalls werden sie selbst Vertragspartner, und zwar auch dann, wenn sie zuvor bereits eine GbR gegründet hatten. Auch die Regeln über ein „Geschäft wen es angeht" dürften in einem solchen Fall wohl nicht eingreifen. 503

Der Abschluss eines langfristigen Mietvertrages mit einer GbR ist für den Vermieter nicht unproblematisch, weil er damit rechnen muss, dass die derzeitigen Gesellschafter ausscheiden und durch andere ersetzt werden, weil er deshalb nicht weiß, mit welchen Personen er es in Zukunft zu tun haben wird und ob, wenn die bisherigen Partner ausgeschieden sind und die Zeit ihrer Nachhaftung abgelaufen ist, die dann aktuellen Gesellschafter solvent sind. 504

505 Wenn der Vermieter nicht mit einer GbR abschließen will, die GbR aber die Mieträume nutzen soll, kann vereinbart werden, dass Mieter die für die GbR handelnden Personen werden – nicht die GbR –, der GbR die Mietsache aber – Regelung des zulässigen Mietgebrauchs – überlassen werden darf.

506 Die persönliche Haftung der Gesellschafter für Verbindlichkeiten der GbR ergibt sich aus dispositivem Recht, ist also abdingbar. Sie kann aber nicht durch einen einseitigen Akt der Gesellschaft oder der Gesellschafter abbedungen werden (z. B. durch eine entsprechende Klausel im Gesellschaftsvertrag oder den Zusatz: „GbRmbH" im Firmenkopf), sondern nur durch eine individualvertragliche Vereinbarung mit dem Vertragspartner.

BGH, Urt. v. 27. 9. 1999 – II ZR 371/98,
BGHZ 142, 315 = ZIP 1999, 1755 (m. Anm. *Altmeppen*, S. 1758)
= NJW 1999, 3483;
dazu EWiR 1999, 1053 (*Keil*);

BGH, Urt. v. 23. 7. 2003 – XII ZR 16/00,
NZM 2003, 871 = ZMR 2003, 827.

507 Im Zusammenhang mit dem Abschluss des Pachtvertrages kann deshalb zwischen dem Verpächter und einer Gesellschaft bürgerlichen Rechts als Pächterin wirksam vereinbart werden, dass die Haftung der Gesellschafter der Pächterin auf das Gesellschaftsvermögen beschränkt sein soll, sie also nicht persönlich haften. Eine solche Vereinbarung stellt keine Vorausverfügung über den Pachtzins i. S. v. §§ 566c (§ 574 BGB a. F.), 1124 Abs. 2 BGB dar.

BGH, Urt. v. 23. 7. 2003 – XII ZR 16/00,
NZM 2003, 871 = ZMR 2003, 827.

508 Der Eintritt eines Gesellschafters in den Betrieb eines Einzelkaufmanns und die Fortführung des Geschäfts durch die neugegründete Gesellschaft führen nicht kraft Gesetzes dazu, dass die Gesellschaft Vertragspartei eines zuvor von dem Einzelkaufmann abgeschlossenen Mietvertrages über die weiter genutzten Geschäftsräume wird. Zu einem solchen Vertragsübergang ist die Mitwirkung des Vermieters erforderlich.

BGH, Urt. v. 25. 4. 2001 – XII ZR 43/99,
ZIP 2001, 1007 = NJW 2001, 2251
= WM 2001, 1623 = MDR 2001, 862;
dazu EWiR 2001, 675 (*H.-G. Eckert*).

509 Das gilt unabhängig davon, ob der Vermieter aus besonderen Gründen verpflichtet ist, einer bloßen Gebrauchsüberlassung an die gegründete Gesellschaft zuzustimmen.

Vgl. zu einer solchen Fallgestaltung
BGH, Urt. v. 22. 1. 1955 – VI ZR 70/53,
NJW 1955, 1066.

2. Nutzungsüberlassung als Kapitalersatz

Eine Gesellschafterleistung ersetzt Eigenkapital der GmbH, wenn die Gesellschafter als ordentliche Kaufleute ihrer Gesellschaft die Mittel statt in Form eines Fremdkredits als Eigenkapital zugeführt hätten. Das ist nach der Rechtsprechung des Bundesgerichtshofs nicht nur bei der Kreditgewährung durch die Gesellschafter, sondern auch bei der Gewährung von Sicherheiten für Fremdkredite u. a. dann der Fall, wenn die Gesellschaft von dritter Seite zu marktüblichen Bedingungen einen nicht von den Gesellschaftern abgesicherten Kredit nicht mehr erhalten hätte und deshalb ohne die Hilfe der Gesellschafter hätte liquidiert werden müssen. Die Leistung darf dann nach den von der Rechtsprechung zu den §§ 30 f GmbHG entwickelten Grundsätzen nicht aus dem zur Deckung des Stammkapitals erforderlichen Vermögen zurückgewährt werden. Wird das Insolvenzverfahren eröffnet, sind die im letzten Jahr vor seiner Eröffnung erbrachten Leistungen anfechtbar und der Rückgewähranspruch kann nicht geltend gemacht werden (§ 32a GmbHG, §§ 129 ff, 135 InsO = § 32a KO). **510**

Der Bundesgerichtshof hat entschieden, dass auch die Gebrauchsüberlassung aufgrund eines Miet- oder Pachtvertrages den Regeln über den Ersatz von Eigenkapital unterliegen kann. **511**

> BGH, Urt. v. 16. 10. 1989 – II ZR 307/88,
> BGHZ 109, 55, 57 f = ZIP 1990, 1542
> = WM 1989, 1844 = NJW 1990, 516;
> dazu EWiR 1990, 371 (*Fabritius*).

Obwohl diese Entscheidung in der Literatur auf Kritik gestoßen ist, hat der Bundesgerichtshof an ihr festgehalten. Entscheidend sei, dass eine Gebrauchsüberlassung ebenso wie eine Darlehenshingabe geeignet sein könne, eine ohne diese Unterstützung und ohne Eigenkapitalzuführung liquidationsreife Gesellschaft fortzuführen. **512**

Hat der Gesellschafter der Gesellschaft zu einer Zeit, als sie noch gesund war, mietweise Teile der Betriebseinrichtung überlassen, so wird diese Leistung nach Eintritt der Krise zu Kapitalersatz, wenn der Gesellschafter sie nicht „abzieht", obwohl ihm dies möglich wäre. Möglich ist ihm dies nicht nur dann, wenn er als Vermieter den Mietvertrag kündigen kann, sondern auch dann, wenn er als Gesellschafter die GmbH unter Entzug der ihr zur Verfügung gestellten Mittel liquidieren kann. **513**

Eine eigenkapitalersetzende Leistung des Gesellschafters liegt (von Anfang an) vor, wenn er der Gesellschaft das gesamte Anlagevermögen, das sie benötigt, vermietet oder verpachtet (so genannte Betriebsaufspaltung), obwohl sie sich die zur Anschaffung der Betriebseinrichtung erforderlichen Mittel nicht beschaffen könnte und obwohl ein vernünftig handelnder Vermieter, der nicht an der Gesellschaft beteiligt ist und sich auch nicht beteiligen will, unter den gegebenen Umständen zu einer Vermietung nicht bereit wäre. **514**

BGH, Urt. v. 14. 12. 1992 -II ZR 298/91,
BGHZ 121, 31 = ZIP 1993, 189
WM 1993, 144 = ZMR 1993, 105
= NJW 1993, 392;
dazu EWiR 1993, 155 (*Fleck*);
vgl. auch BGHR GmbHG § 32a Abs. 3 Gebrauchsüberlassung 2.

515 Ist die Gesellschaft überschuldet, kommt es für die Frage, ob die Gebrauchsüberlassung kapitalersetzend wirkt, nicht darauf an, ob ein vernünftig handelnder Dritter zur Vermietung bereit gewesen wäre.

BGH, Urt. v. 14. 6. 1993 – II ZR 252/92,
ZIP 1993, 1072 = WM 1993, 1414
= NJW 1993, 2179 = MDR 1993, 852;
dazu EWiR 1993, 1207 (*v. Gerkan*);
vgl. auch BGHR GmbHG § 32a Abs. 3 Kapitalersatz 2.

516 Sobald und solange die Gebrauchsüberlassung kapitalersetzenden Charakter hat, kann der Gesellschafter das vereinbarte Entgelt nicht verlangen – auch nicht für die Zeit nach Insolvenzeröffnung.

BGH, Urt. v. 14. 6. 1993 – II ZR 252/92,
ZIP 1993, 1072 m. w. N.;
dazu EWiR 1993, 1207 (*v. Gerkan*).

517 Zu Fällen eigenkapitalersetzender Nutzungsüberlassung vgl. auch

OLG Düsseldorf, Urt. v. 15. 9. 1994 – 12 U 98/93,
ZIP 1995, 1907 = GmbHR 1996, 201;
dazu EWiR 1996, 27 (*v. Gerkan*);

OLG Köln, Urt. v. 9. 5. 1995 – 7 U 159/95,
ZIP 1996, 915 (n. rkr.).

518 Zu Eigenkapitalersatz bei einer Gebrauchsüberlassung im Wege des so genannten sale-and-lease-back-Verfahrens vgl.

OLG Düsseldorf, Urt. v. 12. 12. 1996 – 10 U 33/95,
DB 1997, 521.

519 Ob und – wenn ja – in welcher Weise der Insolvenzverwalter der Gesellschaft in einem solchen Falle die zur Nutzung überlassenen Sachen verwerten kann, war in der Literatur sehr umstritten. Inzwischen hat der Bundesgerichtshof die Frage entschieden. Der Insolvenzverwalter ist nicht befugt, die Substanz des im Wege der eigenkapitalersetzenden Nutzungsüberlassung zur Verfügung gestellten Gegenstandes zu verwerten. Verwerten darf er lediglich das Nutzungsrecht, und zwar entweder, indem er die Sache selbst nutzt oder indem er das Nutzungsrecht weiterüberträgt.

520 Dabei gelten jedenfalls im Grundsatz die in dem Überlassungsvertrag vereinbarten zeitlichen Grenzen. Hätte jedoch ein anstelle des Gesellschafters handelnder unbeteiligter Dritter einen sonst inhaltsgleichen Überlassungsvertrag nur mit einer längeren Laufzeit oder mit einer längeren Kündigungsfrist geschlossen, dann muss der Gesellschafter dem Insolvenzverwalter die Nutzung entsprechend länger überlassen.

Nur in Ausnahmefällen muss der Gesellschafter den Wert des Nutzungs- 521
rechts in Geld ersetzen, so z. B., wenn er die Sache gegen den Willen der Gesellschaft bzw. des Verwalters veräußert und so die weitere Nutzung verhindert hat.

BGH, Urt. v. 11. 7. 1994 – II ZR 162/92,
BGHZ 127, 1 = ZIP 1994, 1441
= WM 1994, 2349 = NJW 1994, 2760;
dazu EWiR 1994, 1107 (*Fleck*);

BGH, Urt. v. 11. 7. 1994 – II ZR 146/92,
BGHZ 127, 17 = ZIP 1994, 1261
= WM 1994, 1663 = NJW 1994, 2349;
dazu EWiR 1994, 1201 (*Timm*).

Das Nutzungsrecht des Insolvenzverwalters endet aber, wenn das überlas- 522
sene Grundstück mit einem Grundpfandrecht belastet war, analog §§ 146 ff ZVG, §§ 1123, 1124 Abs. 2 BGB mit dem Wirksamwerden eines im Wege der Zwangsverwaltung erlassenen Beschlagnahmebeschlusses.

BGH, Urt. v. 7. 12. 1998 – II ZR 382/96,
BGHZ 140, 147 = ZIP 1999, 65
= NJW 1999, 577;
dazu EWiR 2000, 31 (*v. Gerkan*);

vgl. auch
BGH, Urt. v. 31. 1. 2000 – II ZR 309/98
ZIP 2000, 455 = ZfIR 2000, 480
= WM 2000, 525
(Fortführung von II ZR 382/96).

Zu Schadensersatzansprüchen des Gesellschafters wegen einer Beschädi- 523
gung der überlassenen Sachen und zu dem Ersatz von Erhaltungsaufwendungen vgl.

BGH, Urt. v. 14. 12. 1992 – II ZR 298/91,
BGHZ 121, 31 = ZIP 1993, 189 (m. Bespr. *K. Schmidt*, S. 161)
= WM 1993, 144 = ZMR 1993, 105
= NJW 1993, 392;
dazu EWiR 1993, 155 (*Fleck*).

XIV. Zwangsverwaltung

Sofern das Mietobjekt dem Mieter vor Anordnung der Zwangsverwaltung überlassen wurde, hat der Zwangsverwalter gemäß § 152 ZVG das Mietverhältnis fortzuführen, die Vermieterrechte wahrzunehmen und den Vermieterpflichten nachzukommen. Insbesondere ist er zur Gewährung des vertragsgemäßen Mietgebrauchs, in diesem Rahmen auch zur Beseitigung von Mängeln der Mietsache, verpflichtet. Dies gilt auch, soweit der Mangel vor Beschlagnahme des Mietgrundstücks entstanden ist. 524

Vgl. BGH, Urt. v. 3. 4. 2003 – IX ZR 163/02,
ZIP 2003, 854 = ZfIR 2003, 457
= NZM 2003, 472;
dazu EWiR 2003, 641 (*H.-G. Eckert*)
(zur Vermieterinsolvenz).

Obwohl § 21 Abs. 1 ZVG, auf den § 148 ZVG verweist, nur Miet- und Pachtforderungen der Beschlagnahme unterwirft, ist der Zwangsverwalter auch hinsichtlich der Nutzungsentschädigung wegen Vorenthaltung der Mietsache nach Vertragsende (§ 546a BGB) aktivlegitimiert. Seine Pflicht zur ordnungsgemäßen Verwaltung (§ 152 Abs. 1 ZVG) schließt die Durchsetzung von Ansprüchen ein, die aus einer rechtsgrundlosen Nutzung des verwalteten Grundstücks resultieren; ihm als dem Gläubiger des Rückgabeanspruchs wird die Mietsache vorenthalten, die er anderweitig nutzen könnte. 525

BGH, Urt. v. 23. 7. 2003 – XII ZR 16/00,
NJW-RR 2003, 1308 = NZM 2003, 871
= MDR 2003, 1308.

Auch der Anspruch auf Ersatz des Mietausfalls wegen vorzeitiger Vertragsbeendigung steht dem Zwangsverwalter zu, denn ersatzberechtigt kann nur derjenige sein, der den Erfüllungsanspruch verloren hat. 526

OLG Frankfurt/M., Urt. v. 16. 1. 1980 – 19 U 144/78,
NJW 1981, 235.

Im Rahmen seines umfassenden Pflichtenkreises hat der Zwangsverwalter über die Nebenkosten abzurechnen, und zwar auch für Abrechnungszeiträume, die vor seiner Bestellung liegen, sofern die Beschlagnahme etwaige Nachforderungen gemäß § 1123 Abs. 2 Satz 1 BGB erfasst. Demgemäß hat er Nachforderungen zugunsten der Haftungsmasse einzuziehen und umgekehrt ein etwaiges Guthaben an den Mieter auszukehren, letzteres auch dann, wenn der Mieter die Vorauszahlungen noch nicht an den Zwangsverwalter geleistet hatte. 527

BGH, Urt. v. 26. 3. 2003 – VIII ZR 333/02,
ZfIR 2003, 528 = NJW 2003, 2320
= NZM 2003, 473.

528 Zur Rückgewähr der Kaution an den Mieter ist der Zwangsverwalter sogar dann verpflichtet, wenn der Vermieter sie nicht von seinem Vermögen getrennt angelegt und nicht an den Zwangsverwalter abgeführt hatte. Aus § 566a BGB folgt dies nicht, denn die Beschlagnahme des Grundstücks zur Zwangsverwaltung ist kein der Veräußerung gleichstehender Rechtsübergang. Die gemäß § 152 Abs. 2 ZVG auf den Zwangsverwalter übergehenden Vertragspflichten sind nach Auffassung des Bundesgerichtshofs nicht auf die mit der Gebrauchsgewährung unmittelbar zusammenhängenden Pflichten begrenzt, sondern schließen wegen der treuhandähnlichen Bindung die aus der Kautionsabrede resultierenden ein. Die Schmälerung der Haftungsmasse zugunsten des Mieters ist als vom Gesetz gewollt hinzunehmen.

> BGH, Urt. v. 16. 7. 2003 – VIII ZR 11/03,
> ZIP 2003, 1899 = ZfIR 2003, 1012
> = NJW 2003, 3342.

529 Diese Entscheidung betrifft die Anordnung der Zwangsverwaltung vor Inkrafttreten des Mietrechtsreformgesetzes. Unter Hinweis auf die Neuregelung in § 566a BGB, so der Bundesgerichtshof, könne für die Zwangsverwaltung nichts anderes gelten als für die Zwangsversteigerung und die privatrechtliche Grundstücksveräußerung. Die Bedeutung dieser Entscheidung für vor Beschlagnahme beendete Mietverhältnisse ist unklar.

> *Erckens/Tetzlaff*, ZfIR 2004, 981;
> *Wolf/Eckert/Ball*, Rz. 1430.

530 Der Grundstückseigentümer als Vermieter ist nicht neben dem Zwangsverwalter zur Rückgewähr der Kaution verpflichtet.

> LG Potsdam, Urt. v. 11. 3. 2004 – 11 S 168/03,
> NZM 2004, 582.

531 Nach Beendigung der Zwangsverwaltung bleibt der Verwalter zur ordnungsgemäßen Abwicklung verpflichtet.

> BGH, Urt. v. 8. 5. 2003 – IX ZR 385/00,
> ZIP 2003, 1466 = ZfIR 2003, 571
> = NJW-RR 2003, 1419;
>
> BGH, Beschl. v. 18. 2. 2004 – XII ZR 196/99,
> ZInsO 2004, 240.

532 Hingegen lässt die Aufhebung der Zwangsverwaltung wegen Rücknahme des Antrags die Aktivlegitimation und die Prozessführungsbefugnis des Verwalters ad hoc entfallen.

> BGH, Urt. v. 8. 5. 2003 – IX ZR 385/00,
> ZIP 2003, 1466 = ZfIR 2003, 571
> = NJW-RR 2003, 1419.

XV. Insolvenz des Vermieters

Ein Mietverhältnis über eine Immobilie hat der Insolvenzverwalter gemäß § 108 Abs. 1 InsO ohne Rücksicht darauf zu erfüllen, ob das Mietobjekt dem Mieter vor Verfahrenseröffnung überlassen wurde. Erhebliche Probleme bereitet dies bei der Vermietung unfertiger Räume; nach dem Wortlaut des § 108 InsO ist die Masse in gleicher Weise zur Gebrauchsgewährung verpflichtet wie bei Vermietung eines bei Verfahrenseröffnung vorhandenen Objekts. Um dieser die Masse gemäß § 55 Abs. 1 Nr. 2 InsO treffende Verpflichtung nachkommen zu können, muss der Insolvenzverwalter das Gebäude fertigstellen, also Werkverträge erfüllen, deren Erfüllung er gemäß § 103 InsO ablehnen kann, andernfalls drohen der Masse Schadensersatzforderungen des Mieters. 533

So MünchKomm-*Eckert*, InsO, § 108 Rz. 66;
a. A. *Derleder*, NZM 2004, 568, 570.

Unter Hinweis auf § 108 Abs. 2 InsO weist das OLG München den Anspruch des Mieters auf Gebrauchsüberlassung zurück. 534

OLG München, Urt. v. 27. 11. 2003 – 14 U 245/03
(unveröffentlicht; n. rkr., Az. des BGH: IX ZR 26/04).

Gemäß § 55 Abs. 1 Nr. 2 InsO schuldet die Masse dem Mieter die Gewährung des vertragsgemäßen Gebrauchs. Dies schließt die Mängelbeseitigung als vertragliche Hauptleistung auch dann ein, wenn der Mangel vor Eröffnung des Insolvenzverfahrens entstanden ist, denn die Erhaltungspflicht des Vermieters ist eine Dauerverpflichtung die – wie umgekehrt die Zahlungspflicht des Mieters – ständig neu entsteht. 535

BGH, Urt. v. 3. 4. 2003 – IX ZR 163/02,
ZIP 2003, 854 = ZfIR 2003, 457
= NZM 2003, 472;
dazu EWiR 2003, 641 (*H.-G. Eckert*).

Den Anspruch des Mieters auf Rückerstattung der Kaution kann der Mieter nur als Insolvenzgläubiger (§ 38 InsO) geltend machen, sofern er nicht die vom Vermögen des Vermieters getrennt angelegte Kaution gemäß § 47 InsO aussondern kann. Die Erwägungen des Bundesgerichtshofs zur Rückerstattung der Kaution bei Zwangsverwaltung (oben Rz. 528) lassen sich nicht auf das Insolvenzverfahren übertragen. 536

Im Ergebnis anderer Ansicht
Derleder, NZM 2004, 568, 577.

XVI. Insolvenz des Mieters

1. Vorläufiges Insolvenzverfahren

537 Im Insolvenzverfahren über das Vermögen des Mieters bereitet insbesondere das durch die Insolvenzordnung eingeführte vorläufige Verfahren Probleme. Die Kündigungssperre (§ 112 InsO) verwehrt dem Vermieter nach Beantragung des Insolvenzverfahrens die außerordentliche Kündigung des Mietverhältnisses wegen Zahlungsverzugs vor Beantragung des Insolvenzverfahrens oder wegen Verschlechterung der Vermögensverhältnisse des Mieters. Als Ausgleich der Nachteile infolge der Kündigungssperre gemäß § 112 InsO soll § 55 Abs. 2 Satz 1 und 2 InsO Ansprüche aus dem Eröffnungsverfahren als Masseverbindlichkeiten privilegieren.

538 Gerät der Schuldner oder die vorläufige Masse während des vorläufigen Insolvenzverfahrens in Zahlungsverzug, so kann der Vermieter, sofern im Übrigen die Voraussetzungen des § 543 Abs. 2 Satz 1 Nr. 3 BGB vorliegen, fristlos kündigen.

> BGH, Urt. v. 18. 7. 2002 – IX ZR 195/01,
> BGHZ 151, 353 = ZIP 2002, 1625
> = ZVI 2002, 250 = NJW 2002, 3326
> = NZM 2002, 859;
> dazu EWiR 2002, 919 (*Spliedt*).

539 Die Einordnung während des vorläufigen Verfahrens auflaufender Mietforderungen als Masseverbindlichkeiten gemäß § 55 Abs. 2 Satz 2 InsO scheitert in aller Regel an der Praxis der Insolvenzgerichte, keinen „starken" verwaltungs- und verfügungsbefugten vorläufigen Verwalter einzusetzen. Die Insolvenzgerichte begnügten sich mit der Anordnung eines Zustimmungsvorbehalts oder weitreichenden Handlungsermächtigungen des vorläufigen Verwalters. Diese Praxis verwirft der Bundesgerichtshof als unzulässig. Gleichwohl lehnt er eine entsprechende Anwendung des § 55 Abs. 2 Satz 2 InsO auf die Inanspruchnahme von Leistungen des Vermieters durch den „schwachen", nicht verwaltungs- und verfügungsbefugten vorläufigen Verwalter ab, ohne zugunsten des durch die Kündigungssperre konkret benachteiligten Vermieters eine Ausnahme zuzulassen.

> BGH, Urt. v. 18. 7. 2002 – IX ZR 195/01,
> BGHZ 151, 353 = ZIP 2002, 1625
> = ZVI 2002, 250 = NJW 2002, 3326
> = NZM 2002, 859;
> dazu EWiR 2002, 919 (*Spliedt*);
>
> zu den weiteren Folgerungen des Urteils
> *H.-G. Eckert*, NZM 2003, 41.

540 Die Einschränkung in § 55 Abs. 2 Satz 2 InsO bewirkt, dass die Masse nur mit solchen Verbindlichkeiten aus dem vorläufigen Verfahrensstadium belastet wird, deren vertragliche Gegenleistung ihr zufließt. Der vorläufige Verwalter nimmt für die vorläufige Masse die Gegenleistung in Anspruch,

wenn und soweit er die Mietsache nutzt, obwohl er dies verhindern könnte. Einer dahingehenden, dem Erfüllungsverlangen vergleichbaren Willensbetätigung des vorläufigen Verwalters bedarf es nicht.

BGH, Urt. v. 3. 4. 2003 – IX ZR 101/02,
ZIP 2003, 914 = ZVI 2003, 468
= NJW 2003, 2454 = WM 2003, 1027;
dazu EWiR 2003, 651 (*Tetzlaff*);

BGH, Urt. v. 4. 12. 2003 – IX ZR 222/02,
ZIP 2004, 326 = ZVI 2004, 105
= NZM 2004, 224;
dazu EWiR 2004, 349 (*Pape*).

541 Die Begründung einer Masseverbindlichkeit ist ausgeschlossen, wenn der vorläufige Verwalter dem Vermieter das Mietobjekt zur Rückgabe anbietet; hierzu wird er sogar verpflichtet sein. Ist dies wegen fortbestehender Untervermietung nicht möglich, so hat er dem Hauptvermieter den mittelbaren Besitz und die Ermächtigung zur Einziehung der Mietforderungen gegen den Untermieter anzubieten.

BGH, Urt. v. 29. 4. 2004 – IX ZR 141/03,
ZIP 2004, 1277 (LS);
dazu EWiR 2004, 871 (*H.-G. Eckert*).

542 Kann die spätere Insolvenzmasse die gemäß § 55 Abs. 2 BGB entstandene Masseverbindlichkeit nicht erfüllen, so haftet der verwaltungs- und verfügungsbefugte vorläufige Verwalter gemäß § 61 InsO persönlich; zu ersetzen ist allerdings nur das negative Interesse.

BGH, Urt. v. 29. 5. 2004 – IX ZR 48/03,
ZIP 2004, 1107 = WM 2004, 1191.

543 Die Praxis der Insolvenzgerichte, keinen zur Begründung von Masseverbindlichkeit ermächtigten vorläufigen Verwalter einzusetzen, ruft verständlicherweise Bemühungen hervor, auch den schwachen vorläufigen Verwalter, der nicht nach § 61 InsO haftet, persönlich in Anspruch zu nehmen. Er läuft Gefahr, wegen einer Zahlungszusage oder wegen Hervorrufens eines besonderen Vertrauens (§§ 280, 311 Abs. 2 BGB) vom Vertragsgegner auf Schadensersatz in Anspruch genommen zu werden.

OLG Celle, Urt. v. 21. 10. 2003 – 16 U 95/03,
NZI 2004, 89;
dazu EWiR 2004, 445 (*Undritz*);

OLG Schleswig, Urt. v. 31. 10. 2003 – 1 U 42/03,
NJW 2004, 1257;
dazu EWiR 2004, 393 (*Undritz*).

2. Eröffnetes Insolvenzverfahren

544 Das vor Verfahrenseröffnung durch Übergabe vollzogene Mietverhältnis über eine Immobilie hat der Verwalter gemäß § 108 Abs. 1 InsO fortzuführen, er kann es aber gemäß § 109 Abs. 1 InsO vorzeitig unter Einhaltung der gesetzlichen Frist (§ 580a Abs. 4 BGB, beim Pachtvertrag § 584 Abs. 2 BGB) kündigen. Diese Frist, die wegen ihrer Länge die Insolvenzmasse stark belastet, soll auf drei Monate abgekürzt werden.

Referentenentwurf eines Gesetzes zur Änderung der InsO
und anderer Gesetze, ZVI 2004, Beilage 3.

a) Masseverbindlichkeit und Insolvenzforderungen

Gemäß § 108 Abs. 2 InsO ist die Verfahrenseröffnung die maßgebliche Zäsur. Mietrückstände aus der vorangegangenen Zeit kann der Vermieter nur als Insolvenzgläubiger geltend machen (Ausnahme: § 55 Abs. 2 Satz 2 InsO). Die nach Eröffnung anfallenden Zahlungspflichten schuldet die Masse gemäß § 55 Abs. 1 Nr. 2 InsO. 545

Nach Anzeige der Masseunzulänglichkeit begründete Masseverbindlichkeiten sind gemäß § 209 InsO insofern privilegiert, als sie vor den sonstigen Masseschulden zu befriedigen sind. Im Fall des § 209 Abs. 2 Nr. 3 InsO setzt dies die Inanspruchnahme der Gegenleistung durch den Verwalter (dazu oben Rz. 540) voraus. Die vom Insolvenzverwalter formgerecht angezeigte Masseunzulänglichkeit bindet das Prozessgericht. Nicht bevorrechtigte Mietrückstände kann der Vermieter nicht mehr mit der Leistungsklage gegen den Verwalter, sondern nur mit der Feststellungsklage verfolgen. Reicht die nach Anzeige der Masseunzulänglichkeit vorhandene Masse nicht aus, um die Neumassegläubiger voll zu befriedigen, so können auch diese ihre Forderungen nur im Wege der Feststellungsklage geltend machen. 546

BGH, Urt. v. 3. 4. 2003 – IX ZR 101/02,
ZIP 2003, 914 = ZVI 2003, 468
= NJW 2003, 2454 = WM 2003, 1027;
dazu EWiR 2003, 651 (*Tetzlaff*);

BGH, Urt. v. 4. 12. 2003 – IX ZR 222/02,
ZIP 2004, 326 = ZVI 2004, 105
= NZM 2004, 224;
dazu EWiR 2004, 349 (*Pape*).

Endet das Mietverhältnis während des Insolvenzverfahrens, so ist der Anspruch des Vermieters auf Nutzungsentschädigung wegen Vorenthaltung der Mietsache nach Vertragsende (§ 546a BGB) ebenfalls aus der Masse zu erfüllen. 547

BGH, Urt. v. 15. 2. 1984 – VIII ZR 213/82,
BGHZ 90, 145 = ZIP 1984, 612.

Bei Beendigung des Mietverhältnisses vor Verfahrenseröffnung ist der Anspruch auf Nutzungsentschädigung gemäß § 546a BGB, da vor Verfahrenseröffnung entstanden, nicht aus der Masse zu befriedigen. Soweit der Verwalter das Mietobjekt für die Masse nutzt, haftet sie nach Bereicherungsrecht (§ 55 Abs. 1 Nr. 3 InsO). 548

BGH, Urt. v. 24. 11. 1993 – VIII ZR 240/92, ZIP 1993, 1874 = NJW 1994, 516; dazu EWiR 1994, 77 (*H.-G. Eckert*);

BGH, Urt. v. 18. 5. 1995 – IX ZR 189/94, BGHZ 130, 38, 41 = ZIP 1995, 1204, 1206 = NJW 1995, 2783, 2785; dazu EWiR 1995, 795 (*Gerhardt*).

549 Nimmt der Verwalter jedoch – etwa zum Zweck der Betriebsfortführung – das Mietobjekt gezielt für die Masse in Besitz und schließt er den Vermieter von der Nutzung aus, so begründet er eine Masseverbindlichkeit gemäß § 55 Abs. 1 Nr. 1 InsO.

BGH, Urt. v. 18. 5. 1995 – IX ZR 189/94, BGHZ 130, 38, 41 = ZIP 1995, 1204, 1206 = NJW 1995, 2783, 2785; dazu EWiR 1995, 795 (*Gerhardt*).

550 Abwicklungsansprüche sind nicht Folge der Erfüllungspflicht gemäß § 55 Abs. 1 Nr. 2 InsO. Sofern sie nicht ausnahmsweise gemäß § 55 Abs. 1 Nr. 1 InsO durch eine Handlung des Verwalters ausgelöst werden, sind sie nicht aus der Masse zu erfüllen.

Nach wie vor grundlegend:
BGH, Urt. v. 6. 11. 1978 – VIII ZR 179/77, BGHZ 72, 263 = NJW 1979, 310.

b) Räumung des Mietobjekts

551 Sein vertraglicher Rückgabeanspruch gemäß § 546 Abs. 1 BGB sowie sein Eigentumsherausgabeanspruch (§ 985 BGB) berechtigen den Vermieter zur Aussonderung der Mietsache gemäß § 47 InsO. Dem Zweck der Aussonderung, den Zugriff des Insolvenzverwalters auf nicht zur Masse gehörende Gegenstände zu verhindern, wird mit der Übertragung des unmittelbaren Besitzes genügt. Die Masse haftet demgemäß nicht gemäß § 55 Abs. 1 InsO für die Rückgabe der Mietsache im vertragsgerechten Zustand. Schadensersatzansprüche des Vermieters wegen Veränderung der Mietsache oder wegen Zurücklassens von Sachen auf dem Mietgrundstück kann der Vermieter folglich nur als Insolvenzgläubiger geltend machen. Anderes mag gelten, wenn die Veränderung der Mietsache dem Insolvenzverwalter zuzurechnen ist.

BGH, Urt. v. 5. 7. 2001 – IX ZR 327/99, ZIP 2001, 1469 = ZfIR 2001, 728 = NJW 2001, 2966; dazu EWiR 2002, 395 (*Flitsch/Herbst*);

BGH Urt. v. 18. 4. 2002 – IX ZR 161/01, ZIP 2002, 1043 = ZfIR 2002, 459 = NJW-RR 2002, 1198; dazu EWiR 2002, 573 (*Tetzlaff*).

Stichwortverzeichnis

Die Ziffern verweisen auf die Randziffern.

Abhilfeverlangen *258, 396*
Absonderung *329, 551*
Abstandszahlung *362*
Abtretung
- des Anspruchs auf Nutzungsentschädigung *458*
- des Rückgabeanspruchs *458*

Änderung des technischen Standards *173*
Änderung des Mietvertrages
- s. Vertragsänderung

Allgemeine Geschäftsbedingungen
- Aufrechnungsverbot,-ausschluss, -beschränkung *121*
  - Beschädigung der Mietsache *263*
  - Betriebspflicht *248*
  - Bevollmächtigung bei Personenmehrheit *410*
  - Bürgschaft auf erstes Anfordern *353*
  - Gewährleistungsausschluss, -beschränkung *156*
  - Haftung des Mieters *263*
- Kündigung
  - Erweiterung des Rechts zur fristlosen Kündigung *414*
  - Form *388, 400*
  - Verweigerung der Untermieterlaubnis *461*
- Lastschriftverfahren *122*
- Option *368*
- Rücknahme der Mietsache *436*
- Schriftform *80, 388*
- salvatorische Klausel *76*
- Selbsthilfe *436*
- stillschweigende Vertragsverlängerung *485*
- Untervermietung, Verbot *461*
- Vertragsdauer *357*
- Vertragsverlängerung *365*
- Wertsicherungsklausel *131*

Anlagen zum Mietvertrag *53*
Annahmeverzug des Vermieters *452*
Aufrechnung *121*
Aufrechnungslage *340*
Aufrechnungsverbot *121*
Aufwendungsersatz *239, 487*
Ausgleich unter Gesamtschuldnern *307, 310*
Aussonderung *337, 551*

Bedingung
- Kündigung unter *390, 415*
- Mietvertrag unter *63*

Beendigung des Mietvertrags
- s. Vertragsbeendigung

Behördliche Maßnahme, Androhung *221*
Behördliches Gebrauchshindernis
- s. Sachmangel

Beschädigung des Mietsache *255, 292, 481, 523, 551*
Beseitigung des Sachmangels *239, 287, 524, 535*
Besucher des Mieters *267*
Betriebsaufspaltung *514*
Betriebskosten *36, 95, 527*
Betriebspflicht *244*
Beurkundung des Mietvertrages
- s. gesetzliche Schriftform

Bevollmächtigung
- s.Vertretung

Beweisfunktion der Urkunde *27*
Beweislast *167, 292*
Beweisverfahren, selbständiges *320*
Blei im Trinkwasser *178*
Bodenverunreinigung *299, 310*
Brandschaden *287*
Bürgschaft *30, 347*
- auf erstes Anfordern *351*

Darlehen, kapitalersetzendes *510*
Diebstahl der Mietsache *294*
Doppelvermietung *219*

Einbruchgefahr als Sachmangel *182*
Einheitlichkeit der Urkunde *48*
Einkaufszentrum *199, 246*
Einschreiben *400*
Einstweilige Verfügung *253, 328*
Eintritt eines Gesellschafters *508*
Einzugsermächtigung *122*
Elektrizitätsversorgung *179*
EOP-Methode *111*
Erfüllungsgehilfe *256, 267*
Erlaubnis zur Untervermietung *7, 226, 460*
Erwerb des Mietgrundstücks
– s. Veräußerung
Explosion, Herbeiführung einer *472*

Fehler
– s. Sachmangel
Ferienwohnung *266*
Feststellungsklage *68*
Feuerversicherung *271*
Fitness-Center *18, 366*
Flächenabweichung
– s. Mietfläche
Formmangel
– s. Schriftform
Fortführung des gekündigten Mietverhältnisses *33*
Fortsetzung des Mietgebrauchs
– s. stillschweigende Vertragsverlängerung
Fristlose Kündigung
– s. Kündigung
Fußgängerzone *194*

Garantiehaftung des Vermieters *155*
Gaststätte, Pacht einer *111, 186, 209*
Gebäudeversicherung *274*
Gebrauchshindernis
– s. Sachmangel
Gemeinschaft *454*
Genehmigung
– Parteiwechsel *65, 67*
– Wertsicherungsklausel *133, 137*
Geschäftsführung ohne Auftrag *242*
Geschäftsraummiete *6*
Geschäftsgrundlage *129, 194, 200, 206*
Gesellschaft
– bürgerlichen Rechts *44, 404, 411, 489*
– mit beschränkter Haftung *433, 510*
– Handelsgesellschaft *46, 493*
Gesamtvertretung *497*
Gesundheitsgefährdung *435*
Gewährleistung
– s. Rechtsmangel, Sachmangel
Gewässerverunreinigung *307*
Gleisanschluss *18*
Großrechner als Mietobjekt *10*
Gutachten zur Miethöhe *119, 135, 148*

Handlung, unerlaubte *301, 481*
Hausratversicherung *281*
Hemmung der Verjährung *125, 320*

Insolvenzverfahren über das Vermögen
– des Mieters *329, 419, 510, 537*
– des Vermieters *337, 419, 432, 533*
Insolvenzverwalter, persönliche Haftung *543*
Inventar *7, 8, 36*

Kapitalersatz *510*
Kaufvertrag *14*

Kaution
- getrennte Anlage *337*
- bei Grundstücksveräußerung *344*
- bei Insolvenz des Vermieters *535*
- Verjährung *336*
- Verzug mit der Einzahlung *330*
- bei Zwangsverwaltung *528*

Kenntnis eines Mangels *217, 225, 228, 471*
Klage
- auf Vertragsschluss *25*
- auf zukünftige Leistung *459*

Klageschrift als Kündigung *407*
Konkurrenzschutz *249*
Konzessionsfähigkeit *186*
Kostenelementklausel *135*
Krankheit des Mieters *430*
Kündigung
- außerordentliche *201, 390, 393, 430, 544*
- fristlose *166, 183, 252, 395, 420, 538*
- Form *387*
- durch Gesellschafter *496*
- durch Grundstückserwerber *415*
- ordentliche *70*
- durch Vertreter, Rechtsanwalt *402, 406, 496*
- gegenüber Vertreter *405*
- durch prozessualen Schriftsatz *406*
- mit Telefax *389, 395, 463*
- vor Überlassung der Mietsache *70*
- Zugang *397*

Kündigungsfrist *6, 73*
Kündigungssperre 537

Lärm als Sachmangel *192*
Lastschriftverfahren *122*
Laufzeit des Vertrages *357*
Leerstand im Einkaufszentrum *199*
Leistungshindernis, -störung *153, 159*
Leistungsvorbehalt *135*
Leitungswasserversicherung *271*

Mangelbeseitigung *239, 287, 524, 535*
Masseunzulänglichkeit *546*
Masseverbindlichkeit *535, 539, 549, 550*
Mehrere Mieter *43, 309, 414, 438, 503*
Mehrere Vermieter *43, 324, 409, 503*
Mehrwertsteuer
- s. Umsatzsteuer

Mietausfallbürgschaft 354
Miete, Mietzins
- Bestimmung durch Sachverständigen *119, 135, 148*
- Nichtbenutzung der Mietsache *96*
- nach Option *379*
- Überhöhung, Wucher *106*
- unpünktliche Zahlung *424*
- Zahlungsverzug *420*

Mieterwechsel *65, 327, 431*
Mietfläche, Unterschreitung der angegebenen Größe *168, 181*
Mietrechtsreform *1, 170*
Minderung der Miete *169, 214, 456*
Mischmietverhältnis *9*
Mittelbare Gebrauchsbeeinträchtigung *192*

Nachhaftung des ausgeschiedenen Gesellschafters *501*
Nebenkosten
- s. Betriebskosten

Negativattest des Bundesamtes für Wirtschaft *139*
Nichtbenutzung der Mietsache *96*
Nichtigkeit des Mietvertrages *120*

Notmaßnahme zur Gefahrenabwehr *240*
Nutzlose Aufwendungen *164, 212*
Nutzungsentschädigung-, entgelt *7, 347, 425, 444, 478, 547*
Nutzungsüberlassung als Kapitalersatz *510*

Öffentlich-rechtliches Gebrauchshindernis
– s. Sachmangel
Opfergrenze *288*
Option
– zur Umsatzsteuer *82*
– zur Vertragsverlängerung *368, 496*

Pacht *4*
Pflichtverletzung des Mieters *257*
Präambel zum Mietvertrag *203*
Preisklauselverordnung *135*
Prozesserklärung
– s. Kündigung
Prozessbevollmächtigter
– s. Vertreter
Prozessstandschaft *324*

Räumung
– s. Rückgabe
Räumungsklage *26, 405, 429*
Räumungsvollstreckung *440*
Rechnung i. S. d. § 14 UStG *92*
Rechtskraftwirkung *421, 429*
Rechtsmangel *158, 214, 470*
Rechtsmissbrauch *26, 74, 402*
Rechtspacht *13*
Regressverzichtsabkommen *280*
Rentabilitätsvermutung *164, 212*
Rückgabe der Mietsache
– Beginn der Verjährung *311*
– im Insolvenzverfahren über das Vermögen des Mieters *551*
– durch mehrere Mieter *438*
– Selbsthilfe *436*
– durch Untermieter *478*
– unvollständige *437, 449*
– Verzug
  – s. Vorenthaltung
– trotz Vorvertrags *26*
– Zwangsvollstreckung *440*
Rückgriff der Versicherung *270*
Rücktritt *168*

Sachmangel
– anfänglicher *171*
– Beseitigung 239,287, 524, 535
– Definition des Mangels *171*
– Darlegungslast *214*
– öffentlich-rechtliches Gebrauchshindernis *186*
– unbehebbarer *159*
Sachmängelhaftung vor Überlassung der Mietsache *153*
Sachverständiger *119, 135, 148*
Salvatorische Klausel *76*
Schadensersatz
– wegen Beschädigung Veränderung, Zerstörung der Mietsache *256*
– statt der Leistung *3, 258*
– wegen Nichtgewährung des Mietgebrauchs *152*
– wegen Rückgabeverzugs
  – s. Vorenthaltung
– Verjährung *300*
– wegen vorzeitiger Vertragsbeendigung *105, 348, 426*
Schadstoffbelastung *178, 185*
Schaufenster *182, 197*
Schönheitsreparaturen *315*
Schriftform
– Briefwechsel *48*
– Formmangel *69*
– gesetzliche für Vertragsschluss und -änderung *27*
– gewillkürte *79*
– für Kündigung *387*
Schuldrechtsmodernisierung 2, *154, 241, 257*

Selbsthilfe *436*
Sicherheitsvorkehrungen, fehlende *183*
Sittenwidrigkeit der Pacht *106*
Software *14, 15*
Sonneneinstrahlung, übermäßige *174*
Sortimentsbindung *250*
Staffelmiete *127*
Steuerhinterziehung *120*
Steuerwahl des Vermieters *82*
Stillschweigende Vertragsverlängerung *374, 384*
Straßenbauarbeiten *195*

Tankstelle *268*
Teileigentum *222*
Teilrückgabe *437, 449*
Teilunmöglichkeit *163, 190, 290*
Telefax *30, 389, 395, 403*
Temperatur in den Mieträumen *174*
Transformatorenanlage *12*
Treuhänderische Anlage der Kaution *337*
Trinkwasser *178*
Tod des Pächters *7*

Umrechnung nach Indexänderung *144*
Umsatz, unrichtige Angaben *207*
Umsatzabhängige Miete *245*
Umsatzsteuer *81, 457*
Unbekannter Aufenthalt eines Mieters *99, 413*
Unerlaubte Handlung *301, 481*
Ungerechtfertigte Bereicherung *243, 481*
Unmöglichkeit
- der Gebrauchsgewährung *154, 159, 292, 288*
- der Rückgabe *439*

Unpünktliche Mietzahlungen *424*
Unterbrechung der Verjährung
- s. Hemmung

Untergang (Zerstörung) der Mietsache
- s. Beschädigung der Mietsache

Untermiete
- Ansprüche zwischen Vermieter und Untermieter *479*
- Beendigung des Hauptmietvertrages *478*
- Beschädigung der Mietsache *314, 475, 481*
- Erlaubnis des Vermieters *460*
- Rechtsmangel *226, 470*
- Rückgabe *447, 478*
- unerlaubte Untervermietung *473, 488*
- Verjährung *482*
- Zwangsvollstreckung gegen Untermieter *440*

Unterzeichnung der Vertragsurkunde *29, 50*
Unwirksamkeit des Mietvertrages *120, 303*
Urkundenprozess *145*
Urteil auf Abschluss des Mietvertrages *25*

Veränderung und Verschlechterung der Mietsache
- s. Schadensersatz

Veräußerung des Mietgrundstücks *344, 378, 415*
Verbraucherpreisindex *140*
Verjährung *3, 10, 340, 355, 482*
Verjährungfrist
- Kautionseinzahlung *336*
- Mietforderung *124*
- Schadensersatz *16, 300, 310*
- Verlängerung der *325*

Verkehrsberuhigte Zone *194*
Verlängerungsklausel *365*
Vermieterpfandrecht *326*
Vermieterwechsel *67*
Vermietung unfertiger Räume, – vom Reißbrett *31, 59, 154, 168, 533*

Verschulden bei Vertragsschluss *201, 208*
Versicherung *270*
Vertragsänderung *40, 64, 72*
Vertragsbeendigung *357*
Vertragsdauer *41, 357*
Vertragsinhalt, wesentlicher *34*
Vertragsparteien, Bezeichnung der *42*
Vertragsverhandlungen, gescheiterte *22*
Vertragsverlängerung *365, 370*
Vertretung *44, 402, 405, 416*
Vertretung ohne Vertretungsmacht *63, 305*
Verweigerung der Untervermieterlaubnis *460*
Verwendungsersatz
– s. Aufwendungsersatz
Vertragsübergang *508*
Verzug
– mit Gebrauchsüberlassung *190*
– mit Mängelbeseitigung *234*
– mit Rückgabe der Mietsache
– s. Vorenthaltung
Vollmacht
– s. Vertretung
Vollstreckungsschutz *442*
Vorausverfügung über die Miete *507*
Vorenthaltung der Mietsache *252, 445, 478*
Vorläufiges Insolvenzverfahren *419, 537*
Vorsätzliche Zerstörung der Mietsache *477*
Vorsteuerabzug *81*
Vorvertrag *19*
Vorzeitige Vertragsbeendigung
– s. Schadensersatz wegen
Vorzeitiger Auszug des Mieters *96, 341*

Warnfunktion der Schriftform *27*
Wechsel des Mieters
– s. Mieterwechsel
Wertsicherung *126*
Widerspruch gegen Baugenehmigung *187*
Wiederherstellung der Mietsache *287, 316*
Wucher, wucherähnliches Geschäft *106*

Zahlungsverzug *420*
Zufall, Haftung für *265*
Zugang der Kündigung *397*
Zurückerhalten *311*
Zusicherung von Eigenschaften *171*
Zustimmung eines Dritten zum Mietvertrag *62*
Zwangsversteigerung *6, 391, 393*
Zwangsverwaltung *419, 522, 524*
Zwangsvollstreckung *254*
Zweckentfremdung von Wohnraum *180*
Zwischenvermietung, gewerbliche *191, 435, 541*